*"Que só de bênçãos se encha seu espírito.
E carinho e amor a seu redor.
A serenidade e a paz em sua mente.
E a saúde do corpo cada vez maior."*

Tudo de bom para você!

De: _____

Para: _____

Com sua amizade, fica muito mais fácil ser feliz!

VERA LÚCIA

É fácil ser FELIZ

EDITORA
IDEIAS&
LETRAS

DIRETORES EDITORIAIS:
Carlos Silva
Ferdinando Mancílio

EDITORES:
Avelino Grassi
Roberto Girola

COORDENAÇÃO EDITORIAL:
Elizabeth dos Santos Reis

REVISÃO:
Leila Cristina Dinis Fernandes

DIAGRAMAÇÃO:
Alex Luis Siqueira Santos

CAPA:
Denis Lenzi

EDITORA
IDEIAS&
LETRAS

Rua Barão de Itapetininga, 274
República - São Paulo/SP
Cep: 01042-000 – (11) 3862-4831
Televendas: 0800 777 6004
vendas@ideiaseletras.com.br
www.ideiaseletras.com.br

6ª reimpressão, 2017

Dados Internacionais de Catalogação na Publicação (CIP)
(Câmara Brasileira do Livro, SP, Brasil)

Vera Lúcia
É fácil ser feliz: / Vera Lúcia – Aparecida, SP:
Ideias & Letras, 2005.
ISBN 85-98239-48-8

1. Amizade 2. Amor 3. Fé 4. Felicidade 5. Perseverança (Ética)
6. Sucesso I. Título.

05-6228   CDD-158

Índice para catálogo sistemático:

1. Felicidade e vida motivada: Psicologia aplicada 158

Quero começar agradecendo a Deus.
A minha família, a meu amado Tim.
Amanda e Henrique, meus filhos.
Em muitas histórias, eles estão presentes, foram
   e são meu suporte, apoio e inspiração.
Com eles aprendi que é fácil ser feliz!

Sumário

Introdução – A união _____ 9
I Parte – A perseverança _____ 15
    Exemplos de perseverança nunca 15
    Nunca desista da vida 21
    Está em suas mãos 23
    Viva com amor 24
    Acreditar é preciso 28
    Exemplos de vida 28
    A lição da borboleta 34
    O voo da águia 35
    Ter um haras 38
    Fileira de formigas 40
    A jaqueta preta 41

II Parte – A fé _____ 47
    Pedir com amor 47
    A confiança 49
    Sempre busque a solução 57
    Tenha fé, acredite 58
    A roseira 60
    O peso da oração 62
    Lágrimas de oração 63
    O alpinista 64
    Pegadas na areia 65

III Parte – A amizade 69
   Sempre estarei com você 69
   Os irmãos 72
   Não ligue para picuinhas 75
   O filho único 77
   Faça tudo com amor e o mundo
   conspirará a seu favor 81
   Colhemos o que plantamos 82
   O melhor presente 84

IV Parte – O amor 87
   A jura de amor 87
   A rosa na lapela 92
   Felicidade conjugal 95
   Uma lição de amor 99
   O telefonema 101
   A força do amor 102
   O valor da atenção 105
   Uma história de amor - Madre Teresa de Calcutá 108
   Amor ao próximo, a caridade 109
   As estrelas-do-mar 113

V Parte – Final 117
   O dinheiro 117
   História de Ali Hafad 117
   O verdadeiro valor 119
   Nossa família merece o melhor 122
   Pra que tanta pressa? 125
   Não se preocupe 127
   Hoje 131

Introdução

A união

Quando unidos, sempre nos tornamos mais fortes. É uma lei da natureza. Podemos verificar isso observando-a. Neste momento, tenho em minha frente um pequeno buquê com 23 botões de rosas naturais, unidos, bem amarrados com um tecido e um arame prendendo-os. Minha filhinha Amanda usou-o quando foi daminha no casamento de uma querida sobrinha, dez dias atrás. No mesmo dia, eu trouxe alguns botões iguais aos do buquê, mas soltos, separados, não amarrados, para colocá-los em um vaso. O que chamou minha atenção é que os botões soltos do vaso já murcharam e foram para o lixo, dois dias depois do casamento. O mesmo não aconteceu com os que estavam no buquê, juntos; até agora dez dias se passaram e eles estão sobrevivendo. Serão jogados fora também, mas durarão muito mais. Suas pétalas estão queimadas pelo tempo, mas eles estão fortes, firmes como no início; envelhecidos, mas visivelmente vivos. O que se analisa disso é que a união faz a força. Como os botões estavam amparados uns nos outros, preservaram-se mais e mantiveram-se por mais tempo.

Faça essa experiência você também e verá que as flores unidas são mais resistentes. Assim também somos nós. Sempre quando unidos, quer seja no trabalho, na família, na comunidade... somos mais fortes. Ninguém pode ser feliz vivendo sozinho, isolado. Precisamos uns dos outros.

Um exemplo real e inesquecível de união o mundo viu alguns anos atrás, nas Olimpíadas Especiais de Seattle. Nove participantes, todos com deficiência mental ou física, alinharam-se para o início da corrida dos 100 metros rasos. Ao sinal, todos partiram, não exatamente em disparada, mas com vontade de dar o melhor de si, de terminar a corrida e ganhar. Todos, com exceção de um garoto, que tropeçou no asfalto, caiu rolando e começou a chorar. Os outros oito ouviram o choro. Diminuíram o passo e olharam para trás. Então eles se viraram e voltaram. Todos eles. Uma das meninas, com Síndrome de Down, ajoelhou-se, deu um beijinho carinhoso no garoto e disse: "Pronto, agora vai sarar". E todos os nove competidores deram os braços e andaram juntos até a linha de chegada. O estádio inteiro levantou-se e os aplausos duraram muitos minutos. As pessoas que estavam ali, naquele dia, continuam repetindo essa história até hoje.

Por quê? Porque, lá no fundo, nós sabemos que o que importa nesta vida é mais do que ganhar sozinho. O que importa é ajudar os outros a vencer, mesmo que isso signifique diminuir o passo e mudar de curso!

Busque o apoio das pessoas que estão mais próximas de você para realizar seus sonhos; compartilhe esses sonhos com quem você ama. Peça colaboração e busque, principalmente em sua família, o suporte para seguir adiante. Conquiste as pessoas com simpatia, buscando a colaboração sincera na intenção de atingir os mesmos ideais; compartilhe seus sonhos com os outros.

Walt Disney afirmou certa vez: "Você pode sonhar, projetar, criar e construir o lugar mais maravilhoso do mundo. Mas precisará de pessoas para tornar esse sonho uma realidade". A grande realização de Walt Disney não foi criar tantos personagens inesquecíveis, como Mickey e Pateta. Seu ato mais genial foi ter criado uma organização capaz de "dar vida" a esses personagens.

Demonstre quão importantes as pessoas são para você. Faça isso e verá que realmente: A UNIÃO FAZ A FORÇA!

"É FÁCIL SER FELIZ" tem em suas mensagens a intenção de fazer um convite ao diálogo, ao perdão, ao entusiasmo, à perseverança, à decisão de amar intensamente, pois amar ou não amar é uma escolha que fazemos na vida, e a vida é feita de escolhas.

Enfim, para ler, ouvir, refletir, caminhar...

São cinco capítulos, com os títulos: A perseverança; A fé; A amizade; O amor, o maior dom do ser humano; e Final.

Desejo de coração que sua vida seja cada vez mais repleta de momentos felizes.

É fácil ser feliz

Não espere um sorriso pra depois sorrir.
Não espere ser amado pra depois amar.
Não espere ficar só pra dar valor
A quem está ao seu lado.

Não espere perder quem na vida mais amou
E partiu sem entender: bastava dar valor
E amar e ser amado e demonstrar o carinho
Ao invés de ficar tão sozinho.

É fácil ser feliz (3x)
É só ver que ninguém é feliz tão sozinho.
É fácil ser feliz (2x)
É entender o valor da palavra "Amor"
Que traduz nesse gesto tão simples: "Carinho".

Não espere outro momento pra reconhecer
Toda vida e alegria que há em você.
Não espere o perdão pra perdoar.
Só depois do abraço querer abraçar.

Não espere outro dia para passear com seu filho
Dar carinho, sair, conversar.
E amar e ser amado e demonstrar o carinho
Ao invés de ficar tão sozinho.

É fácil ser feliz!

Música do CD Sentimentos – faixa 3

I Parte - A perseverança

Exemplos de perseverança

Antes de pensar em desistir de seu sonho, lembre-se dos exemplos que a história nos dá de que a perseverança sempre leva ao êxito. Um deles é Stephen Hawking. Ele nasceu em 1942, em Oxford, Inglaterra, matemático, astrofísico e doutor em cosmologia pela Universidade de Cambridge. Ninguém imagina o quanto esse homem teve de ser determinado. Um dia, anos atrás, sua saúde se debilitou totalmente. O médico, depois de analisar todos os exames, disse a Stephen Hawking que ele tinha poucos dias de vida, pois seu corpo estava atrofiando-se completamente. O que ele fez? Reagiu. Não se deixou entregar e lutou contra sua doença e ainda luta bravamente. Hoje é considerado o mais brilhante físico teórico, desde Albert Einstein. Um exemplo vivo, atual, real, de determinação.

Se você se encontra com falta de entusiasmo, a opinião negativa dos outros o derruba, falta motivação para correr atrás de seus sonhos. Se esse belo exemplo não bastou para animá-lo, vou mostrar mais alguns, entre os inúmeros que existem.

O grupo de rock inglês, The Beatles, ao apresentar seu trabalho à gravadora Decca Record Company, foi recusado. O executivo da gravadora disse: "Não gostamos desse som. Esses grupos de guitarra já eram". Eles desistiram? Não. De tanto perseverar, tornaram-se o grupo de rock mais conhecido do mundo!

O jogador brasileiro Ronaldo ou "Ronaldinho, o Fenômeno", em sua trajetória no futebol, passou por vitórias que o consagraram, mas também por uma série de momentos difíceis, no campo emocional e físico, que pareciam sem fim. Seus problemas chegaram a tal ponto que os especialistas afirmaram: "O Fenômeno acabou!" O que ele fez? Desistiu? Não. Quando as coisas pareciam sem solução, lá estava ele, com seu sorriso de menino, paciência e determinação de leão. Ele é considerado o maior jogador de futebol da atualidade!

Michael Jordan foi cortado do time de basquete da escola. Por isso ele desistiu? Não. Tornou-se um superstar do basquete.

Emmeline Snively, em 1944, então diretora da agência de modelos Blue Book Modeling, disse à candidata Norman Jean Baker (Marilyn Monroe): "É melhor você fazer um curso de secretariado ou arrumar um marido", julgando Marilyn Monroe totalmente desprovida de talento. O que ela fez? Desistiu? Não. Tornou-se uma das maiores atrizes de Hollywood.

A morte da esposa e o coma por um longo período, resultado de um acidente de ultraleve que Herbert Viana pilotava, fizeram-no desistir? Não. Como um milagre, apesar da gravidade e das dificuldades que encontrou pela frente, ele conseguiu lutar e sobreviver. E voltou aos palcos, continuando sua trajetória de sucesso.

E veja também a história deste homem que investe tudo o que tem numa pequena oficina. Trabalha dia e noite, inclusive dormindo na própria oficina, trabalha intensamente. Quando apresenta o resultado final de seu trabalho a uma grande companhia, recebe a resposta que seu produto não atende aos padrões de qualidade exigidos pela empresa. O homem desiste? Não! Volta à escola por mais dois anos, sendo vítima do sarcasmo dos colegas e até de alguns professores. O homem fica chateado? Não! Após dois anos, a empresa que o recusou finalmente fechou contrato com ele.

Durante a segunda grande guerra, sua fábrica é bombardeada duas vezes, sendo que grande parte dela é destruída. O homem se desespera e desiste ou sai reclamando da vida? Não! Reconstrói a fábrica, mas, um terremoto novamente a arrasa. Essa é a gota d'água e o homem desiste? Não! Imediatamente após a guerra, segue-se uma grande escassez de gasolina. E esse homem não podia sair de automóvel nem para comprar comida para a família. Ele entra em pânico, desespera-se e desiste? Não! Criativo, adapta um pequeno motor a sua bicicleta e sai às ruas. Os vizinhos, vendo as "bicicletas motorizadas", ficam maravilhados e todos querem uma também. A demanda por motores aumenta muito e logo ele fica sem mercadoria e sem capital para comprá-la. Desanima e desiste, então? Não! Segue em frente. Decide então montar uma fábrica para essa novíssima invenção. Como não tem capital para continuar, resolve pedir ajuda para mais de quinze mil lojas espalhadas pelo país e consegue o apoio de mais ou menos cinco mil lojas que lhe adiantam o capital necessário para dar continuidade à indústria.

Encurtando a história: hoje a Honda Corporation é um dos maiores impérios da indústria automobilística japonesa, conhecida e respeitada no mundo inteiro. Tudo porque o Sr. Soichiro Honda não se deixou abater pelos terríveis obstáculos que encontrou pela frente.

Winston Churchill, por exemplo, não foi nenhum aluno exemplar, muito pelo contrário, chegou a repetir o ano na escola. Teve uma vida cheia de perdas e recomeços. Ele, como todos os que atingiram seus sonhos na história da humanidade, teve de ter muita determinação. Sua maior contribuição aconteceu quando estava com 62 anos de idade: conseguiu ser Primeiro Ministro da Inglaterra, depois de muita luta e perseverança.

Albert Einstein, cientista genial, não sabia falar até os 4 anos de idade e só aprendeu a ler aos 7 anos. Sua professora qualificou-o como "mentalmente lerdo, não sociável e sempre perdido em devaneios tolos". Foi expulso da escola e não foi admitido na Escola Politécnica de Zurique.

Quando Alexandre Graham Bell inventou o telefone, em 1876, teve dificuldade em conseguir financiadores para seu invento. O Presidente Rutherford Hayes disse: "É uma invenção extraordinária, mas quem vai querer usar isso?" Veja só!

O grande compositor alemão Ludwig Van Beethoven teve muitas razões para desistir da música. Quando começou seu estudo de violino, ele segurava o instrumento tão desajeitadamente que seu professor julgava-o um compositor sem futuro, mas ele não desanimou e se tornou um dos maiores compositores do mundo. Mais tarde, após anos de uma progressiva perda de audição, aos 46 anos, ficou completamente surdo. Ele desistiu? Não. Foi nessa época que compôs boa parte de sua obra, incluindo três sinfonias.

Thomas Alva Edison, grande inventor, foi considerado por seus professores como burro demais para aprender alguma coisa. Tentou 2.000 vezes, fez 2.000 experiências para conseguir inventar a lâmpada. Um jornalista perguntou certa vez ao grande inventor: "Como o senhor conseguiu continuar sem desistir, tendo fracassado tantas vezes?" Thomas Edison lhe respondeu: "Eu não fracassei nenhuma vez, só aprendi 1.999 caminhos que não me levaram à descoberta da lâmpada".

A Itália é o país da ópera e Andrea Bocelli, um dos maiores tenores da atualidade, faz muito sucesso nos teatros de todo o mundo. Entrou na aula de canto muito tarde para quem quer começar. Já era formado em direito. Cego, não faltou quem lhe dissesse que nunca chegaria aonde chegou.

Mesmo que o mundo diga que você não é capaz, se você acreditar que é, será! Luiz Inácio Lula da Silva perdeu uma eleição para governador e três para Presidente da República. Quando novamente se candidatou, não faltaram pessoas afirmando que nunca chegaria aonde chegou. E o presidente chorou quando recebeu o primeiro diploma em sua vida: o de "Presidente da República", o presidente mais votado em todos os tempos da história política do Brasil.

O famoso cantor de ópera Enrico Caruso ouviu de seu professor que ele não tinha voz e jamais seria bem-sucedido no canto. Com isso, seus pais queriam que ele fosse engenheiro.

Luciano Pavarotti recebeu de seu professor de música a recomendação de que deveria voltar a ser mecânico.

O grande escultor Rodin ouviu de seu próprio pai: "Tenho um filho idiota". Foi considerado como o pior aluno da escola, reprovado três vezes no exame de admissão da escola de artes.

Henry Ford fracassou e faliu cinco vezes antes de ser finalmente bem-sucedido.

Dezoito editores recusaram a história de 10.000 palavras de Richard Bach sobre a gaivota sublime: *Fernão Capelo Gaivota*, até que a Macmillan finalmente a publicou em 1970. Em 1975, já havia mais de sete milhões de cópias vendidas apenas nos Estados Unidos.

Veja também este exemplo de um homem que faliu nos negócios aos 31 anos de idade:

- Foi derrotado numa eleição para o legislativo aos 32 anos.
- Faliu novamente aos 34 anos.
- Abalou-se com a morte de seu grande amor, aos 35 anos.
- Teve um colapso nervoso quando estava com 36 anos.
- Perdeu nova eleição com a idade de 38 anos.
- Perdeu nas eleições para o Congresso aos 43, 46 e 48 anos.
- Perdeu uma disputa para o Senado com a idade de 55 anos.
- Perdeu outra eleição senatorial aos 58 anos.
- Foi eleito presidente dos Estados Unidos aos 60 anos.

Seu nome: Abraham Lincoln, um dos maiores estadistas que o mundo já teve!

O que o levou a seguir adiante? Foi a ausência de problemas? Foi ter dado ouvidos aos comentários das pessoas a seu respeito? Não! Foi a determinação, a fé, o amor, a disciplina, a ousadia, a autoconfiança e, acima de tudo, o fato de ter um grande sonho e de saber que nunca seria tarde demais para vê-lo realizado!

Acredito que nunca é tarde demais para sonhar e correr atrás da realização desse sonho! Eu, Vera Lúcia, quando gravei meu primeiro CD, ouvi de um famoso empresário artístico na época: "Seu CD é lindo! Sua voz é linda, parece de um anjo, mas, quantos anos você tem? 37 anos! Infelizmente, o tempo está contra você".

Ouvir que eu não tinha talento ou voz, isso talvez me fizesse desistir, mas ouvir que, aos 37 anos, eu estava velha demais para sonhar, para realizar, ah! Isso não!

Lembrei-me de Roberto Marinho, que conquistou 95% de sua fortuna após os 60 anos de idade, quando fundou a Rede Globo. Lembrei-me de Rolim Amaro, presidente da TAM, que colheu seu maior êxito como empresário também após os 60 anos. Lembrei-me de Hebe Camargo, que esbanjou talento, alegria, bom humor e vitalidade. E Jô Soares, Raul Gil, ambos com mais de 50 anos e continuam aí, com entusiasmo, na ativa. Fiz o tempo trabalhar a meu favor. Hoje estou em meu nono CD e continuo, graças a Deus, sonhando e olhando sempre os bons exemplos de quem não desiste de seu sonho facilmente. Como também é o exemplo de Abraham Kasinsky, que disse que sua única filosofia é fazer, fazer, fazer. O verbo parar nunca fez parte de seu vocabulário. Uma vida também alimentada por um sonho.

De origem humilde, Kasinsky desde jovem revelava aos amigos seu sonho: "Eu quero montar uma fábrica", mas o que ouvia era: "Você é louco, Kasinsky!" Felizmente, ele também não deu ouvidos aos pessimistas, não desistiu; ao contrário, traçou um vitorioso caminho de empresário e empreendedor, fundando a COFAP. Muitos anos depois, quando já tinha 80 anos e todos pensavam que ele iria aposentar-se, criou a Kasinsky Motos, uma das maiores fábricas de motos do Brasil na atualidade!

Diante de todos esses exemplos, fica mais fácil fazer uma reflexão sobre a importância de perseverarmos mais em nossos projetos, seguindo em frente, sempre tirando proveito das "Lições que a vida nos dá", pois, com certeza, de cada dificuldade podemos tirar um grande aprendizado, basta querer, aprender, analisar, crescer e agradecer a Deus mais um dia. Agradecer o maior presente de todos: "A Vida". E enquanto eu viver, quero continuar acreditando que ainda posso sonhar!

Nunca desista da vida

Muitas pessoas nos transmitem, diariamente, grandes lições de vida, incentivo e entusiasmo. Precisamos parar um pouco e prestar mais atenção a elas. Vi recentemente, num documentário de TV sobre o Holocausto durante a Segunda Guerra, o depoimento emocionante de uma jovem polonesa.

Quando Hitler invadiu a Polônia e iniciou a perseguição aos judeus, essa jovem e sua família se esconderam em um porão. Mas, quando foram descobertos pelos nazistas naquele porão, cada um da família foi levado para um lado e ela nunca mais viu ou ouviu notícias de seus pais e irmãos.

No campo de concentração para onde foi levada, ela padeceu os maiores horrores. A comida era pouca, ela era maltratada, humilhada. Algumas companheiras enlouqueciam, ou se matavam, ou eram mortas.

A essa altura, o repórter perguntou à entrevistada se ela, passando por todo aquele sofrimento, em algum momento também pensou em se matar.

— Sim. Muitas vezes, quando o frio era muito grande e a fome parecia me devorar. Mas, nesses momentos, eu me lembrava de meu pai. Enquanto estávamos escondidos no porão, meu pai sempre me dizia:

— Filha, aconteça o que acontecer, nunca desista da vida. Resista sempre até o fim. E me fez prometer que jamais eu desistiria de viver.

Quando os aliados foram vitoriosos, a jovem e mais 4.000 mulheres foram obrigadas a uma marcha forçada pelos alemães. Ao final do trajeto, um número muito pequeno delas sobreviveu e foi abandonado num campo de concentração. Mais tarde, foram encontradas pelos americanos. Aquelas mulheres estavam simplesmente definhando naquele lugar, estavam desnutridas, algumas não conseguiam se mover, tal o estado de fraqueza. Ela mesma, quase sem vida, tinha dificuldades para andar, pesava somente 30 quilos. Não tomava banho há três anos, desde que foi presa. Então, um oficial americano, muito bonito, aproximou-se dela e a tomou nos braços, levando-a até um caminhão. Durante o trajeto, ele lhe foi dizendo que ficasse calma, pois tudo daria certo, que ela receberia o socorro necessário e tudo ficaria bem.

Depois de 58 anos, frente às câmeras de televisão, ela e o marido mostravam a alegria de sua união. O marido era o jovem oficial americano que a encontrara quase morta, magra, suja, desnutrida e a carregara nos braços, naquele dia. Ela não somente teve sua vida salva naquele momento, como encontrou o grande amor de sua vida. Um amor verdadeiro, que atravessou meio século e continua tão forte e especial como no início. Um amor que foi concebido num momento de intensa opressão, num ambiente de dor, miséria moral e sofrimento. Ele era jovem, bonito. Ela, uma abatida jovem, sofrida e quase sem esperanças.

Se os dias lhe parecem pesados demais, com uma carga de problemas difícil de suportar, não desista de lutar.

Se você está a ponto de abandonar tudo, espere um pouco. Aguarde o amanhecer, espere o dia passar e deixe o sol retornar outra vez.

Dê o tempo necessário para as coisas acontecerem que o socorro virá, a situação se modificará e os problemas se resolverão. Tenha fé, acredite sempre que tudo vai dar certo e nunca, nunca desista da vida!

Está em suas mãos

Numa vila da Grécia, vivia um sábio famoso por saber sempre a resposta para todas as perguntas que fossem feitas a ele.

Um dia, um jovem adolescente, conversando com um amigo, disse:

— Eu acho que sei como enganar o sábio. Vou pegar um passarinho e o levarei dentro da mão até o sábio e perguntarei a ele se o passarinho está vivo ou morto. Se ele disser que está vivo, espremo o passarinho em minha mão e o deixo cair no chão. Mas se ele disser que está morto, abro a mão e o deixo voar.

Assim o jovem chegou perto do sábio e fez a pergunta:

— Sábio, o passarinho em minha mão está vivo ou morto?

O sábio olhou para o rapaz e disse:

— Meu jovem, a resposta está em suas mãos.

Assim também é como conduzimos nossas vidas, está em nossas mãos.

Em nossa vida, a maior parte das situações que vivemos

são frutos de nossas escolhas. Ninguém é mais responsável do que nós mesmos pelos caminhos que escolhemos trilhar, pela direção que escolhemos seguir.

Lembre-se sempre disso diante de cada situação e faça sempre a melhor escolha.

Viva com amor

Havia uma fazenda onde os trabalhadores viviam tristes e isolados uns dos outros. Eles estendiam suas roupas surradas no varal e alimentavam seus magros cães com o pouco que sobrava das refeições. Todos que viviam ali trabalhavam na roça do senhor João, dono de muitas terras, que exigia trabalho duro, pagando muito pouco por isso.

Um dia, chegou ali um novo empregado, cujo apelido era Zé Alegria. Era um jovem agricultor em busca de trabalho. Foi admitido e recebeu, como todos, uma velha casa onde iria morar enquanto trabalhasse ali. O jovem, vendo aquela casa suja e abandonada, resolveu dar-lhe vida nova. Cuidou da limpeza e, nas horas vagas, lixou e pintou as paredes da casa com cores alegres e brilhantes, além de plantar muitas flores no jardim. Aquela casa limpa e arrumada destacava-se das demais e chamava a atenção de todos que por ali passavam. Ele sempre trabalhava alegre e feliz na fazenda, por isso o apelido Zé Alegria. Os outros trabalhadores lhe perguntavam:

— Como você consegue trabalhar feliz e sempre cantando, com tão pouco dinheiro que ganhamos?

O jovem olhava para os amigos e dizia:

— Este trabalho, hoje, é tudo o que eu tenho. Ao invés de ficar reclamando, prefiro agradecer por ele. Quando aceitei trabalhar aqui, sabia das condições que iria receber, e concordei com o que me ofereceram, foi o combinado. Não é justo que, agora que estou aqui, fique reclamando. Farei com capricho e amor aquilo que aceitei fazer.

Os outros, que acreditavam serem vítimas das circunstâncias, abandonados pelo destino, olhavam-no admirados e comentavam entre si:

— Como ele pode pensar assim?

O entusiasmo do rapaz, em pouco tempo, chamou a atenção do dono da fazenda, que passou a observá-lo a distância. Um dia, o Sr. João pensou: "Alguém que cuida com tanto carinho da casa que não é sua, cuidará com o mesmo capricho de minha fazenda. Ele é o único daqui que pensa como eu. Estou velho e preciso de alguém que me ajude na administração da fazenda".

Num final de tarde, foi até à casa do rapaz e, após tomar um gostoso café feito na hora pelo simpático empregado, ofereceu ao jovem o cargo de administrador da fazenda. O rapaz aceitou prontamente. Seus amigos agricultores novamente lhe foram perguntar:

— Que sorte a sua hein! Mas nos diga o que faz algumas pessoas serem bem-sucedidas na vida e outras não?

A resposta do jovem veio logo:

— Em minhas andanças, meus amigos, eu aprendi muito, mas o principal que aprendi é que não somos vítimas do destino. Existe em nós a capacidade de realizar e dar vida nova a tudo o que nos cerca. E isso depende de cada um de nós.

Na maior parte das situações que vivemos, podemos promover uma mudança significativa no rumo das coisas, com nossa conduta. Mas, o que geralmente ocorre é que, ao invés de agirmos, muitas vezes não vemos as inúmeras oportunidades que passam por nossa frente. Esquecemos que nossa felicidade só depende de nós mesmos e não da dos outros. Muitas vezes, por acomodação, jogamos a culpa de nossa situação em nosso trabalho (é sempre o mais difícil), na cidade em que moramos, na família, no país, no governo, nos empresários, nos políticos, na sociedade como um todo, e não vemos que, com nossa atitude e grande esforço, as coisas podem mudar. Assim sendo, cada um tem sua parcela de responsabilidade na formação da situação que o rodeia. E para ser feliz basta dar a seu mundo um colorido especial, como o personagem dessa história, que, mesmo numa situação aparentemente deprimente para os demais, soube fazer de seu mundo uma realidade bem diferente.

Existe em nós a capacidade de realizar e dar vida nova a tudo que nos cerca. Há pessoas que passam pela vida sem perceber quão grandiosa ela é, que maravilhosa aventura podemos viver a cada dia. Enxergar que não podemos simplesmente existir, sem um compromisso. Um compromisso de sermos melhores a cada dia! Não podemos viver por viver, fazer por fazer, deixar as coisas acontecerem ao acaso, trabalhar somente pelo dinheiro. Tem de ter amor, tem de ter paixão, sentimento de querer fazer bem feito, porque isso sim é ser grande, é saber agregar valor a tudo que chega a nossas mãos, mesmo aquilo que é tão simples. Ser atencioso com quem está a nossa volta, com uma palavra amiga, um sorriso, um gesto atencioso, um forte aperto de mão e um abraço de irmão. Ser comprometido com a alegria, com a felicidade; ser comprometido com a paz; ser comprometido em deixar um rastro de luz atrás de si, pelo caminho onde passar. Ver que a maior grandeza da vida é totalmente e intensamente viver com AMOR!

Cada um de nós traça sua própria história. Deus, em sua sabedoria infinita, deu a todos a liberdade de escolha sobre qual caminho trilhar, de como seguir e o que fazer com o maior presente que recebemos todos os dias: A VIDA! O que fazemos com nossa vida, com nossas escolhas e caminhos, são como dois barcos que saem do mesmo ponto, da mesma praia, na mesma hora. Só que cada um deles posiciona sua vela para uma direção diferente do outro. O ponto de chegada que cada um vai atingir é determinado pela posição das velas, não pelo vento. Assim também é nossa vida: o que determina aonde vamos chegar é a posição que tomamos diante dos acontecimentos. É o amor, o entusiasmo!

Vida

Simplesmente existir
Sem um compromisso a mais
Simplesmente existir
Sem pensar em deixar algo.
Vê que tudo enfim mudou
Porque nada foi somente existir na vida.

Simplesmente existir
Trabalhar por trabalhar.
Simplesmente existir
E ganhar, ganhar
Sem ver que tudo que se dá valor
Nada vale, se não fizer com amor na vida.

Viver por viver, não vale não
Fazer por fazer, não é explicação
Cada ato, cada ação, cada olhar
Cada aperto de mão, é vida.

Simplesmente existir
Sem pensar, sem ter paixão
Simplesmente existir
Sem olhar com atenção.
Vê que em tudo tem a Mão do Artista
Natureza, construção da vida.

Música do CD Sentimentos – faixa 14

Acreditar é preciso

Era uma vez, num lugar bem longínquo, há muitos e muitos anos, um grupo de cavaleiros que viajava numa noite escura. Com seus cavalos já cansados, subiam uma montanha pedregosa e íngreme. A exaustão e o desânimo estavam presentes em todos os membros do grupo. O desejo de todos era parar e dormir, mas a viagem não podia ser interrompida.

Nisto, uma forte voz surgiu, vinda dos céus, como um trovão:

— Desçam de suas montarias, encham suas sacolas com as pedras que há no chão e remontem, continuando a viagem. Ao amanhecer, vocês estarão alegres e tristes ao mesmo tempo.

Alguns desmontaram, outros não. Uns pegaram muitas pedras, outros, poucas, e alguns, vencidos pelo cansaço, desânimo e descrença, nenhuma pedra. Sem muita demora, todos seguiram viagem. Ao amanhecer, conforme a voz anunciara, estavam alegres e tristes.

Uns alegres porque não eram pedras comuns: eram diamantes; outros tristes, por não terem recolhido mais pedras, e ainda outros por não terem dado ouvidos ao que a voz dizia, preferindo dormir e não recolher os diamantes.

Assim também é a vida. Às vezes, não enxergamos as coisas no escuro e deixamos de aproveitar as oportunidades. Muitas vezes temos diamantes em nossa frente, mas preferimos a acomodação ao invés do trabalho de garimpar e recolhê-los. Verdadeiras joias de oportunidades passam diante de nós e deixamos "escapar", depois falamos: mas, pensei nisso primeiro, essa ideia é minha, como deixei escapar essa oportunidade? Aí vemos que alguém garimpou mais, acreditou mais, criou, trabalhou, persistiu... e COLHEU REALMENTE OS DIAMANTES.

Exemplos de vida

Felicidade na vida é ter claramente definido um propósito, é saber que a vida tem sentido, é útil.

As pessoas que conseguem atingir seus objetivos mostram que o que as leva a atingi-los não é a ausência de problemas pelo caminho, mas a maneira como os enfrentam.

Em nosso dia a dia, vemos pessoas anônimas que nos dão lições de vida frente aos acontecimentos, com toda a força interior, superando obstáculos julgados muitas vezes intransponíveis. Como uma amiga que há dez anos cuida do marido em coma, após um acidente de carro. Cada dia que vou visitá-la, vejo ainda a esperança viva em seu rosto e em seu coração, mesmo com tanto sofrimento, ainda consegue receber as pessoas com um sorriso e demonstrar alegria. De onde vem essa força?

E a história deste menino:

Ele tinha a função de todos os dias ir mais cedo à escola rural onde estudava, para acender o fogo e aquecer o recinto antes que a professora e seus colegas chegassem.

Certa manhã, eles chegaram e encontraram a escola engolida pelas chamas. Retiraram o garotinho inconsciente do prédio em chamas, mais morto do que vivo. Tinha queimaduras profundas na parte inferior do corpo e foi levado para o hospital do município vizinho. De seu leito, o semiconsciente e pavorosamente queimado garotinho ouviu ao longe o médico que conversava com sua mãe, dizendo a ela que seu filho seguramente morreria. Porém, o bravo garotinho não queria morrer. Ele se convenceu de que sobreviveria. De alguma maneira, ele realmente sobreviveu. Quando o risco de morte havia passado, novamente ouviu o médico e sua mãe falando baixinho. A mãe foi informada de que, uma vez que o fogo destruíra tantos músculos na parte inferior de seu corpo, estava condenado a ser eternamente inválido e não fazer uso algum de seus membros inferiores.

Mais uma vez o bravo garotinho tomou uma decisão. Não seria inválido. Ele andaria. Mas, infelizmente, da cintura para baixo já não tinha nenhuma capacidade motora. Suas pernas finas pendiam inertes, quase sem vida.

Finalmente, ele teve alta do hospital. Todos os dias, a mãe massageava suas perninhas, mas não havia sensação, controle, nada. Ainda assim, sua determinação de andar era mais forte do que nunca. Quando ele não estava na cama, estava confinado a uma cadeira de rodas.

Num dia ensolarado, sua mãe o conduziu até o quintal para tomar um pouco de ar fresco. Nesse dia, ao invés de ficar sentado na cadeira, ele se jogou no chão. Arrastou-se pela grama, puxando as pernas atrás de si. Arrastou-se até a cerca de estacas brancas que limitava o terreno. Com grande esforço, levantou-se, apoiando-se na cerca. E então, estaca por estaca começou a arrastar-se ao longo da cerca, decidido a andar. Começou a fazer isso todos os dias, até que um caminho se formou ao lado da cerca, e em volta de todo o quintal. Não havia nada que ele desejasse mais do que dar vida àquelas pernas. Finalmente, com as massagens diárias, com persistência de ferro e resoluta determinação, ele foi capaz de ficar em pé, depois, de andar mancando, e então, de andar sozinho. Mais tarde, de correr.

Começou a caminhar para a escola, depois, passou a correr para a escola, a correr, pura e simplesmente pela alegria de correr. Na faculdade, integrou o time de corrida com obstáculos.

Depois, no Madison Square Garden, aquele rapaz sem esperanças de sobreviver, que seguramente não andaria nunca mais e que jamais poderia esperar correr, aquele rapaz determinado, o Dr. Glenn Cunningham, foi o corredor mais rápido do mundo na corrida de uma milha!

Muitas vezes é nos momentos mais difíceis que encontramos nossa fibra. Não é o tamanho do problema que enfrentamos que nos impede de ser feliz.

Muitas pessoas, nas situações mais críticas, conseguem encontrar a paz no coração e manter o sorriso no olhar; por outro lado, também há indivíduos que têm todo o tipo de conforto e não encontram estímulo para viver. Temos, na História, provas suficientes para comprovar que não é a ausência de problemas que traz a realização de nossos sonhos, mas a forma como eles são enfrentados.

Veja o caso de outro menino que estava brincando quando perdeu o pé num atropelamento, em Cachoeiro do Itapemirim, nosso querido rei Roberto Carlos.

E do menino muito, muito pobre, negro, que aos seis anos de idade ficou cego por causa de um glaucoma. Os pais o mandaram para uma escola de cegos e lá ele descobriu o piano. Seu nome: Ray Charles, famoso cantor, músico e compositor americano.

E do nordestino que, aos 16 anos, saiu de sua terra, cansado de passar fome, e foi para São Paulo tentar uma nova vida. Analfabeto, sem teto, sem dinheiro, sem oportunidade, acabou vivendo nas ruas, como tantos outros coitados que muitas vezes são mortos covardemente enquanto dormem. Um dia, duas freiras que davam atendimento aos andantes e mendigos acolheram o rapaz no convento, como acolhiam também outros pobres de rua.

O rapaz inspirava confiança e simpatia, tinha um semblante de menino bom, honesto e esforçado, foi ganhando a amizade das freiras e ficou trabalhando como jardineiro. Um dia falou a uma delas sobre seu grande sonho de se formar médico, ele, um rapaz que aos 16 anos ainda não sabia ler ou escrever.

A freira sorriu e disse:

— Meu filho, aquilo que está em seu coração pode realizar-se, mas você tem de trabalhar para que isso aconteça.

Anos se passaram e aquele rapaz formou-se doutor. E vou dizer mais, sabe como eu sei dessa história? Porque ele mesmo me contou durante uma consulta, o Dr. José A. Martins, um grande médico e admirável ser humano!

Ele é uma das pessoas que decidiu tocar a vida da melhor forma possível, com fé e determinação, mudar sua história, sem lastimar sua situação, mas encontrar nela um caminho para realizar seu sonho.

Outro exemplo também de determinação, é o de Maílson da Nóbrega. Nascido em Cruz do Estado do Espírito Santo, na Paraíba, em 1942. Seu pai, Wilson da Nóbrega, trabalhava como alfaiate na sala da casa da família, que tinha só dois quartos. Num deles dormia o casal e no outro dez crianças dividiam apenas quatro camas. Maílson vendia amendoim para ajudar o orçamento da família. Mesmo assim, o pai decidiu mandar o garoto para a capital concluir os estudos, sob protestos de todos que diziam que ele estava louco em deixar o menino estudar. "Ele tinha mesmo é que trabalhar", diziam ao pai do garoto.

Em João Pessoa, Maílson estudou e trabalhou como contínuo, disputou o concurso do Banco do Brasil, passou e foi parar numa agência do interior do Estado. Mais tarde foi transferido para Brasília, onde se formou em economia aos 32 anos. Começava então uma das mais bem-sucedidas carreiras da burocracia nacional. Ex-ministro da Fazenda no governo José Sarney, Maílson da Nóbrega deixou para trás uma vida de privações, mudando o rumo de sua história para a busca de um sonho, de uma realização.

Falar em determinação é lembrar também de um orgulho brasileiro: Ayrton Senna, tricampeão mundial de Fórmula 1 em 1988, 1990 e 1991.

Ayrton Senna da Silva (1960-1994) mostrou desde cedo seu interesse por carros, motores e pistas. Na idade em que a maior parte das crianças joga futebol, ele já havia feito sua escolha: tornar-se o melhor piloto de corridas do mundo. Em 1981, trancou a matrícula no curso de Administração de Empresas para tentar a sorte correndo na Europa. Logo que chegou lá, foi contratado. Mas a falta de patrocínio para se manter na Europa quase acabou com seu sonho. Voltou ao Brasil e foi trabalhar na empresa do pai. Mas o sonho falava mais alto. Senna volta à Europa em 83... e assim começa uma trajetória de determinação e sucesso. A imagem vitoriosa desse atleta é reconhecida nos quatro cantos do mundo por seu talento excepcional e perseverança impressionante.

Mais uma história real que mostra a perseverança leva ao êxito. Há muitos anos, nos Estados Unidos, um homem chamado Darby e seu tio seguiram para o Oeste pensando em enriquecer. Demarcaram um terreno e puseram mãos à obra com pá e picareta.

Depois de semanas de trabalho, tiveram certeza de que o ouro que buscavam, enfim, havia sido encontrado. Mas precisavam de maquinaria para trazê-lo à superfície. Tranquilamente, recobriram a mina com terra e voltaram para casa. Chegando lá, contaram aos parentes e a alguns vizinhos que haviam "acertado na mosca". Reuniram o dinheiro necessário e compraram a maquinaria. O tio e Darby voltaram a trabalhar na mina. A primeira carroça do minério foi enviada para um fundidor. Os resultados provaram que eram donos de uma das minas mais ricas do Colorado! Mais algumas carroças daquele minério já saldariam todas as dívidas. Em seguida, viriam os lucros. As perfuratrizes desceram na terra! Nessa ocasião, alguma coisa aconteceu. O veio de ouro desapareceu! Haviam chegado ao outro lado do arco-íris e nada de pote cheio de ouro. Continuaram a perfurar em desespero, tentando reencontrar o veio, mas em vão. Finalmente, resolveram desistir.

Venderam a maquinaria para um sucateiro por algumas centenas de dólares. Tristes e desolados, tomaram o trem de volta a casa deixando para trás todo aquele sonho de riqueza. O sucateiro chamou um engenheiro de minas para examinar o local e fazer alguns cálculos. O engenheiro esclareceu que os antigos donos haviam fracassado porque não conheciam o que em geologia é conhecido como "linhas de falha". Seus cálculos mostraram que o veio seria encontrado a apenas um metro do ponto onde os Darbys haviam parado a perfuração! E foi aí, exatamente, que o ouro reapareceu! O sucateiro extraiu milhões de dólares da mina porque foi esperto o suficiente para procurar aconselhamento especializado antes de desistir.

Muito tempo depois, Darby recuperou-se mil vezes do prejuízo, quando descobriu que desejo e determinação podem transformar-se em ouro. A descoberta aconteceu após ingressar no ramo de venda de apólices de seguro de vida. Lembrando-se de que perdera uma imensa fortuna por ter parado a um metro do ouro, Darby, no novo trabalho escolhido, lucrou com a experiência, utilizando o método simples de dizer a si mesmo: "Parei a um metro do ouro, mas jamais pararei quando alguém me disser não". Devia sua insistência agora à lição aprendida com a desistência no ramo de mineração.

Uma das causas mais comuns do fracasso é o hábito de desistir diante de uma derrota. Antes de alcançar o sucesso, certamente a pessoa vai experimentar muitas derrotas temporárias e talvez alguns fracassos. O que precisa ser feito é aprender com eles.

Como esses, há muitos exemplos que mostram que vale a pena sonhar, mas que só sonhar não adianta. Para realizar nossos sonhos, é preciso muito mais que isso, é preciso determinação, fé, ideal, amor, metas estabelecidas e claras e manter viva, acima de tudo, a esperança de que tudo vai dar certo! Todo o trabalho, toda a ação, tudo o que é feito com amor e dedicação, em uma hora ou outra, mostra resultado, descortinando os louros da vitória que só os que perseveram conseguem receber.

Temos também de ver se nosso sonho é algo possível ou não. Não podemos confundir perseverança com teimosia. Seria como uma pessoa que de Londrina deseja ir a São Paulo, mas caminha em direção a Curitiba, depois segue para Foz do Iguaçu, de Foz do Iguaçu vai para o Paraguai... dizendo que está indo para São Paulo. Temos de nos abastecer de conhecimento suficiente para seguir em frente, no rumo certo, com conhecimento e fé, em direção ao alvo!

A lição da borboleta

Conta-se que um homem começou a observar um casulo que estava pendurado na varanda de sua casa. Um dia, uma pequena abertura apareceu no casulo. O homem observou a borboleta que, por várias horas, se esforçava para fazer com que seu corpo passasse através daquele pequeno buraco. Após algum tempo, ele achou que ela havia parado de fazer qualquer progresso. Parecia que ela havia ido o mais longe que podia. Vendo isso, o homem decidiu ajudar a borboleta. Pegou uma tesoura e cortou o restante do casulo. A borboleta então saiu facilmente. Mas seu corpo estava murcho, era pequeno e tinha as asas amassadas. O homem continuou observando-a, porque ele esperava que, a qualquer momento, as asas dela se abririam e esticariam para serem capazes de suportar o corpo, que iria se afirmar. Nada aconteceu. Na verdade, a borboleta passou o resto de sua vida rastejando com um corpo murcho e asas encolhidas. Ela nunca foi capaz de voar.

Faltou conhecimento do assunto para realmente ajudar a borboleta. O que o homem, em sua gentileza e vontade de ajudar, não havia compreendido é que o casulo apertado e o esforço da borboleta para passar através do pequeno orifício eram necessários para que o fluido do corpo da borboleta fosse até suas asas, de modo que ela estaria pronta para voar, uma vez livre do casulo. Algumas vezes, o esforço é justamente o que precisamos em nossa vida.

O voo da águia

Para atingirmos nossos ideais, temos de nos renovar, aprimorar, aprender... A águia nos dá um exemplo maravilhoso de renovação e determinação. Essa impressionante ave, quando avista uma tempestade, voa alto sobre as nuvens, por isso a águia é o símbolo dos que confiam em Deus. Ela é a ave que vive por mais tempo, chega a viver 70 anos. Mas quando chega aos 40 anos, está com as unhas compridas e flexíveis, já não consegue mais agarrar as presas das quais se alimenta. O bico alongado e pontiagudo se curva apontando contra o peito. As asas estão envelhecidas e pesadas em função da grossura das penas e voar já é muito difícil! Às vezes nós nos encontramos na mesma situação, não é mesmo? Tudo parece tão difícil! E o que fazemos? Veja o exemplo da águia:

Nesse momento, ela só tem duas alternativas: morrer ou enfrentar um difícil e doloroso processo de renovação que irá durar 150 dias. Esse processo consiste em voar para o alto de uma montanha, recolher-se a um ninho próximo a um paredão onde ela não necessite voar. Ao encontrar esse lugar de completo isolamento, a águia começa o doloroso processo de renovação. Inicia batendo o bico em uma parede até conseguir arrancá-lo. Uma vez retirado, espera nascer um novo bico, com o qual vai depois arrancar suas unhas. Quando as novas unhas começam a nascer, ela arranca as velhas penas. E só cinco meses depois, está pronta para o formoso voo da renovação, e viver mais trinta anos.

Muitas vezes, queremos alçar o voo da vitória, mas estamos agarrados ao passado, presos a velhos hábitos e ideias antigas sem buscar uma renovação, um aprimoramento. Renovar-se na técnica e no espírito, arrancando ressentimentos do passado. Somente livres do peso do passado, das frustrações e das mágoas, é que poderemos aproveitar o resultado valioso que a renovação sempre nos traz.

E quando encontrarmos barreiras em nosso caminho que nos parecem intransponíveis, lembrar que os que confiam em Deus são como as águias, não temem, voam alto, sabendo que bem acima, sobre a mais terrível tempestade, o sol estará brilhando!

Para realizarmos nossos sonhos, há momentos em que lembrar o exemplo da águia nos ajuda a seguir o caminho em busca de nosso ideal!

Voo da águia

Muitas vezes eu pensei em desistir
Deste caminho seguir e mudar a direção.
Mas a fé me levava a caminhar
Conseguia continuar com amor no coração.

Uma luz lá na frente sempre eu via
Era noite, era dia, a luz do meu ideal
E seguia sempre em frente na jornada
Adiante nessa estrada, numa força sem igual.

Sonhei, sonhei, busquei meu sonho alcançar
Como a águia me lancei, voando alto sem parar.

Atropelos, abandonos no caminho
Às vezes fiquei sozinho, mas segui a caminhar.
Minha fé, essa força me levava
Adiante nessa estrada, atrás do meu ideal.

Fui em frente encontrando tanta gente
Hoje sei estão contentes por verem que estou aqui.
Sim, cheguei, o meu sonho realizei
Muitas vezes sei que errei, mas no fim eu me encontrei.

Música do CD Caminhos de Alegria – faixa 5

Ter um haras

Um jovem rapaz, filho de um treinador de cavalos, devido ao trabalho de seu pai, tinha muita dificuldade para manter os estudos, pois eram frequentemente interrompidos. Quando enfim chegou no último ano do segundo grau, um professor pediu para que os alunos fizessem uma redação sobre o tema: O que serei quando terminar meus estudos.

O jovem, nesta altura, já muito feliz por conseguir concluir o segundo grau, empolgou-se e descreveu seu grande sonho: Ter um haras. Ele viajou em pensamento a um futuro promissor, no qual seu sonho seria realizado. Escreveu sobre seus planos e metas. Fez um verdadeiro projeto do trabalho que realizaria para adquirir um haras. Não era um simples haras, mas um projeto suntuoso, com uma casa de pelo menos quinhentos metros quadrados, várias pistas de corrida, tudo aquilo cravado no centro de duzentos alqueires de terra. Ele escreveu seu sonho com riqueza de detalhes em cinco folhas de papel e no dia seguinte entregou-as ao professor.

Depois de alguns dias recebeu as folhas de volta. Procura ver sua nota, mas não a vê, o que encontra é a seguinte anotação, escrita em vermelho na página frontal: "Procure-me depois da aula".

O garoto do sonho, com as folhas nas mãos, foi ver o professor depois da aula e perguntou-lhe:

— Por que minha redação está sem nota?

O professor falou:

— O que você escreveu é um sonho irreal para um rapaz como você. Eu pedi algo real, não simplesmente um fruto da imaginação. Você não tem dinheiro, vem de uma família pobre e ter um haras como você descreveu é algo que requer muito dinheiro, meu filho, você tem de comprar a terra, os animais... não há como ver você realizando isso algum dia.

Se reescrever sua redação com um objetivo mais realista, terá sua nota.

O garoto pegou as folhas entregues pelo professor e profundamente chateado foi para casa, direto para seu quarto, pensar naquilo tudo. "Será que nunca realizarei meu sonho, será mesmo um sonho impossível? Será...", pensava ele. Naquela noite ele não conseguiu dormir. Sua cabeça estava em busca de respostas às questões nas quais o professor o fez refletir. Na manhã seguinte, ao chegar à escola com sua redação na mão, foi procurar o professor, com as mesmas folhas de papel, sem fazer nenhuma mudança na redação. Devolve-as ao professor dizendo:

— Professor, aqui está minha redação, prefiro ficar sem a nota a ficar sem meu sonho. Sei que, só assim, um dia ele poderá se realizar.

Essa história foi narrada pelo próprio rapaz, hoje um homem de 50 anos, em um jantar oferecido a seus convidados, em sua casa de quinhentos metros quadrados, ricamente decorada, bem no meio de um haras de duzentos e cinquenta alqueires de terra. Seu professor também estava lá, naquele mesmo jantar, e no final do discurso do dono da casa, juntava-se aos outros convidados para aplaudir de pé, entusiasticamente, seu antigo e bem-sucedido aluno. E, sobre a lareira da casa, toda emoldurada, a redação!

Não deixe que ninguém roube seus sonhos. Siga a voz de seu coração, não importa o que aconteça, pois quando a fé é maior que o medo e a coragem de seguir em frente é grande, o impossível se torna possível.

Numa ocasião, ouvi uma frase que em muitas situações me faz muito bem lembrá-la. É a seguinte: "Ele não sabia que era impossível, foi lá e fez!"

Fileira de formigas

Tenho um jardim em minha casa de onde gosto de observar a natureza, cada flor que desabrocha, os brotos. Cada mudança de estação gera uma reviravolta, uma renovação. Observo seus habitantes naturais, várias espécies de insetos.

É comum encontrar ali formigas, essas operárias incansáveis, em suas fileiras que parecem não ter fim, terra adentro pelo quintal, carregando o alimento que muitas vezes é bem maior que elas, numa disciplina e formação de se admirar! Vendo-as assim, carregadas com enormes pedaços de folhas e com alimentos sobre si, lembrei-me da experiência de um cientista. Sabendo ele que as formigas não enxergam bem, a questão era: como elas conseguem formar a fila? Ele queria saber como viviam essas pequeninas criaturas. Então, colocou-se a observar e a estudar os hábitos das formigas. Entre seus estudos está a seguinte experiência: depois de localizar o formigueiro no quintal, ele colocou um pouco de açúcar em um local. Depois de algum tempo, apareceu uma formiga e esta encontrou o açúcar. Era uma formiga operária procurando por alimento. Essa formiga voltou ao formigueiro; e de repente várias formigas operárias foram saindo do formigueiro, uma atrás da outra, em direção ao açúcar, formando uma fila. O mais interessante é que essa fileira não se desviava nem um pouco do caminho percorrido por aquela primeira formiga, que voltara para avisar suas companheiras.

Essa história me fez refletir: Como a natureza tem muito a nos ensinar.

Quando temos um sonho, um ideal, devemos ser como as formigas operárias, que não se desviam de seu foco, sobrepondo-se às pedras do caminho, às inundações e a todo tipo de dificuldade. Carregam muitas vezes cargas superiores a seu tamanho, enfrentam obstáculos no caminho sem fugir do trajeto que as leva ao foco, cumprindo assim sua missão. Dessa maneira, também devemos agir para alcançar nossos objetivos.

A jaqueta preta

Enfim, chegaram as férias de julho e as notas de meus filhos, Amanda, no 1º ano, e Henrique, 3º ano do ensino fundamental, tinham sido excelentes. Combinamos que no domingo a programação seria feita por eles, como prêmio pelas boas notas. Com euforia, eles decidiram que passaríamos o domingo no shopping. Iríamos ao cinema, aos brinquedos... E lá fomos nós. O dia passou rápido, e à noite, quando já estava na hora de voltarmos para casa, resolvemos jantar. Cada um escolheu o que iria comer, fizemos nossos pratos entre os variados restaurantes da área de alimentação e sentamos para comer. Era noite, e o frio só aumentava. Nesse momento, Amanda percebeu que havia perdido a jaqueta.

— Mamãe, minha jaqueta?
— Onde você deixou, filha?
— Acho que foi no banheiro, falou e já saiu correndo.

Fomos para lá, estava vazio, sem ninguém e nada da jaqueta no lugar em que ela havia deixado. Como não poderia ser diferente, começou a chorar.

Voltamos para a mesa sem disfarçar a decepção pelo sumiço da jaqueta. Sentamos para continuar o jantar, mas, coitadinha da Amanda, estava inconformada:

— Desculpe, mamãe, por eu perder a jaqueta.
— Tudo bem, minha filha, mas tem de ter mais cuidado.

O pequeno Henrique, vendo a irmã inconformada, chorando por causa da blusa, levantou-se da cadeira, saiu correndo, dizendo:

— Espere, Amanda, eu vou procurar um segurança, vou achar sua jaqueta!

Por mais que o chamasse, ele não ouvia e corria de um lado para outro, até que achou um segurança e parou. De longe, eu observava os gestos do menino que apontavam em direção ao banheiro, em seguida, em direção a nossa mesa, mas o segurança nem olhava para o garoto, parecia que não lhe dava nenhuma atenção!

Depois de algum tempo, Henrique voltou à mesa, confiante em ter solucionado o caso, dizendo para a irmã se acalmar que o segurança estava procurando sua jaqueta.

— Meu filho, eu falei, ele é só um segurança, não tem nada a ver com coisas que ficam no banheiro, ele cuida da área dos restaurantes.

— Não, mamãe, ele vai achar a jaqueta, falava ele confiante.

Mas o choro não cessou. Amanda continuava inconformada.

— Espera, Amanda, vou falar com o segurança! Falou novamente Henrique, já correndo em direção ao guarda.

Depois de algum tempo, voltou dizendo:

— Mamãe, ele quer falar com você!

— Mas, meu filho, ele é só um segurança, não resolve isso!

Mas o Henrique insistia comigo para que eu fosse falar com o guarda. Depois que acabamos de comer, estava bem frio, e todas as lojas fechando. Levantamos para irmos embora.

— Mamãe, mas o segurança quer falar com você, insistia o menino, puxando-me para onde estava o guarda.

Aproximei-me, já pedindo desculpas por meu filho tê-lo incomodado tanto. Mas, mal pude acreditar no que ouvi depois:

— A jaqueta de sua filha é azul? Perguntou o segurança.

— Não, é preta. Respondi admirada com o que estava acontecendo; não é que ele estava procurando a jaqueta mesmo?

— Não é azul, a jaqueta é preta, respondeu ele através de um rádio portátil de comunicação.
— Eu não acredito, falei admirada. O senhor tem como encontrar a jaqueta?
— Oitenta por cento das coisas perdidas aqui no shopping são recuperadas, respondeu ele.
— A senhora terá de ir fazer o reconhecimento do objeto.

Abracei o Henrique apertando-o bastante, dizendo:
— Meu filho, se você encontrar a jaqueta de sua irmã, você é Nosso Herói! Eu nunca pensaria em falar com alguém sobre isso, já teria ido embora. Parabéns, meu filho, mesmo se ela não aparecer, parabéns por sua atitude, continue assim...

Depois de algum tempo de espera, apareceu uma moça perguntando sobre a jaqueta, cor, modelo... Fomos conversando enquanto ela nos conduzia por várias escadas e passávamos por vários corredores no interior do shopping. Lugares restritos aos funcionários. O frio era intenso, já era tarde e todas as lojas já estavam fechadas, mas lá estávamos nós, procurando por uma jaqueta perdida, por insistência de uma criança, cujo maior desejo era encontrá-la para ver sua irmãzinha mais feliz. Eu tinha certeza de que a jaqueta não seria encontrada, mas, pela atitude determinada de uma criança, valia a pena tentar.

Depois de uma longa caminhada, entramos em uma sala. A moça dirigiu-se a um monte de roupas que estavam no canto da sala, enfiou as mãos no meio delas e retirou dali A JAQUETA PRETA DA AMANDA!
— Meu Herói! Meu Herói! Gritamos todos nós de alegria! Abraçamos o Henrique e pulávamos e dançávamos. Foi uma festa!

Aquele passeio foi uma experiência e tanto para nós. Eu aprendi com uma criança que não podemos desistir tão facilmente das coisas sem tentar novamente, sem buscar uma alternativa. Que lição o Henrique nos deu naquela noite!

    Para ele também foi um aprendizado valioso. Com essa experiência, ele percebeu que vale a pena ser uma pessoa de atitude positiva, que busca a solução diante de um problema! Valeu, meu filho!

Parabéns

Tantas noites maldormidas
Tantos planos perseguidos
E o esforço de chegar até aqui.

E a lágrima contida
Só mostrou que o caminho
Valeu a pena prosseguir.

Parabéns, parabéns pra você
O seu sonho hoje se realizou
Parabéns, parabéns pra você
Esse dia tão feliz enfim chegou.
E a luz que vem do céu
Ela vai iluminar sua estrada
Sua vida abençoar.   Parabéns...

Música do CD De Bem com a Vida- faixa 9

II Parte - **A fé**

Pedir com amor

Um coração que vive o amor nunca é em vão. Havia uma linda princesa chamada Nola. Sua voz era doce e encantava a todos no reino. Sua voz era um símbolo de amor dentro do reino.

Um dia, a voz de Nola silenciou. Nola não conseguia falar e nem cantar, e ninguém sabia o porquê.

O rei, muito preocupado, pediu ajuda a todos os sábios do reino, na tentativa de recuperar a voz de Nola. Tudo fizeram, mas nada surtia efeito, e assim o reino caiu em profunda tristeza.

As tardes já não eram tão especiais sem o canto de Nola. E o tempo foi passando...

Numa noite fria, o rei ouviu batidas na porta do castelo e ele próprio foi abri-la, coisa que jamais havia feito.

Era um pobre mendigo que pedia comida:

— Senhor, dá-me de comer, tenho muita fome.

O rei, vendo o pobre homem, ordenou que lhe dessem comida, roupas e algum dinheiro. E então o mendigo disse ao rei:

— O senhor é um homem bondoso! Deste-me de comer quando eu mais precisava. Como posso retribuir tamanha generosidade?

E o rei, tristonho, apenas disse:

— Não há nada que possa fazer, pois meu maior desejo ninguém pode realizar.

E, assim, o mendigo saiu do castelo muito agradecido.

No dia seguinte, o rei ouviu sua filha chamá-lo.

Subiu às pressas as escadarias do castelo e não acreditou ao ver que Nola havia recuperado a voz.

E o rei, em sua tamanha alegria, começou a questionar quem teria feito esse milagre.

Foi quando se lembrou do mendigo da noite anterior. Ele tinha um olhar diferente. Mandou que o procurassem. Encontraram-no na floresta e o trouxeram diante do rei.

— Como está, bondoso rei?

— Agora estou feliz, mas responde-me, como conseguiste realizar o milagre em minha filha?

— Nada fiz, senhor. Apenas pedi a Deus com amor que desse ao rei o que lhe faltava. E quando pedimos com amor, ele nos atende, pois sendo Ele o Amor, como poderia contrariar Seu próprio pedido?

Só então o rei percebeu que ele mesmo não havia pedido a Deus por sua filha. E sua caridade foi como uma oração.

Nosso pedido feito a Deus, de todo coração, se for para nosso bem, com certeza será atendido, NO TEMPO CERTO. Eu tenho em minha vida muitas provas concretas que me fazem acreditar nisso. Por isso, aquilo que você pede ao Pai do céu, com amor, um dia, com certeza, você irá receber, se você fizer sua parte, isto é, não cruzando os braços na espera, mas fazendo realmente sua ORAÇÃO, que é orar + ação.

Nunca é em vão

O coração que vive o amor
Chega até o céu, toca o céu.

O amor que é sublime
O amor que é divino
Nunca é em vão, nunca é em vão.

Viver por amor, morrer por amor
Por amor falar, por amor jamais calar.
Sorrir por amor, chorar por amor
Por amor falar, por amor jamais calar!

Música do CD Sentimentos – faixa 12

A confiança

Um amigo chamado Marcos contou-me sobre uma viagem em que conheceu um menino que lhe deu uma lição de confiança.

Ele observou o menino sozinho na sala de espera do aeroporto, aguardando seu voo. Quando o embarque começou, ele foi colocado à frente da fila para entrar e encontrar seu assento antes dos adultos.

Ao entrar no avião, Marcos viu que o menino estava sentado ao lado de sua poltrona. O menino foi cortês quando Marcos puxou conversa com ele e, em seguida, começou a passar o tempo colorindo um livro.

Ele não demonstrava ansiedade ou preocupação com o voo enquanto os preparativos para a decolagem estavam sendo feitos.

Durante o voo, o avião entrou numa tempestade muito forte, o que fez com que balançasse como uma pena ao vento. A turbulência e as sacudidas bruscas assustaram os passageiros, que não conseguiam disfarçar o nervosismo, mas o menino parecia encarar tudo com a maior naturalidade.

Marcos estranhou a calma do menino vivendo aquela situação, pois jamais havia passado por uma turbulência tão forte, e o menino nem ligava.

Tentando acalmar-se e quem sabe até aprender com aquela criança como agir diante do medo, perguntou-lhe:

— Você não está com medo?

— Não, senhor, não tenho medo, ele respondeu, levantando os olhos rapidamente de seu livro de colorir.

— E você está aqui sozinho?

— Não, estou com meu pai, respondeu o menino.

— É ? Mas onde está seu pai?

— Meu pai é o piloto do avião.

Essa é a atitude que devemos tomar diante dos obstáculos em nossa vida: confiar em Deus. Sabemos que Ele é nosso Pai, por isso quer o melhor para cada um de seus filhos. Acredito que, como a criança desta história, temos de aprender a confiar mais.

Um dia desses eu estava ajudando minha filha Amanda na revisão para a prova de história sobre a colonização do Brasil. Sem me aprofundar no assunto, quero destacar aqui algo que, lendo sua apostila de história do Brasil, me fez refletir um pouco.

Para a sociedade indígena, a terra era a maior riqueza que um pai poderia deixar a seus filhos, por isso os indígenas viviam em comunhão com a natureza, tiravam dela tudo o que precisavam para viver sem prejudicá-la. Com a colonização, os europeus faziam os índios trabalhar... trabalhar... trabalhar muito para retirar minérios e, principalmente, madeira das terras brasileiras. Eles queriam tanta madeira que os índios pensavam que só existiam árvores no Brasil. Como os indígenas tinham grande preocupação com a preservação da natureza, as exigências dos colonizadores foram gerando muitos conflitos e, dessa forma, para garantir a extração da madeira e de minérios, os europeus trouxeram os escravos da África para trabalhar sem medida. É triste a exploração dos mais fracos, e a desigualdade no Brasil já vem daí, da raiz de nossa história.

Essa passagem na história me levou à reflexão: hoje dizemos que a maior riqueza que um pai deixa para seu filho é o ESTUDO, A ESCOLARIDADE.

Mas reflita comigo, se também não deveríamos lembrar mais de outra grande riqueza que podemos deixar para nossos filhos, a que muitas vezes não se dá o devido valor: A FÉ!

Diversos estudos e pesquisas documentam a ligação entre fé, saúde e bem-estar, mostrando que as pessoas que têm uma fé praticante dentro da religiosidade são mais felizes e ficam menos doentes do que as pessoas que não a têm.

Patch Adams, famoso médico americano, foi questionado em uma entrevista à revista *Veja* sobre a importância da fé na cura de um paciente e respondeu: "Em muitos casos, é mais importante que qualquer pílula ou intervenção cirúrgica. O paciente com fé tem uma capacidade maior de entrega, o que lhe traz conforto em todas as situações. Isso também vale para os familiares de doentes terminais. Quando comecei a trabalhar como plantonista em hospitais, descobri que as famílias que seguiam alguma religião se sentiam mais calmas quando rezavam do que quando tomavam algum tranquilizante. A partir daí, procurei sempre descobrir se os familiares do paciente seguiam alguma religião. Em muitos casos, até rezava com eles".

Uma pesquisa realizada nos Estados Unidos, com 21 mil pessoas, constatou uma diferença de sete anos na expectativa de vida entre aquelas que nunca frequentavam cultos religiosos e as que frequentavam mais de uma vez por semana.

Segundo a pesquisa codirigida pelo epidemiologista Jeff Levin, autor de *God, Faith and Health* (Deus, Fé e Saúde), foi constatado que idosos que se consideravam religiosos tinham menos problemas de saúde do que os não religiosos.

Segundo uma pesquisa da Duke University (1999), com 4 mil idosos, os que frequentavam lugares de devoção tinham menos depressão e ansiedade do que os idosos que não frequentavam.

Pacientes confortados pela fé apresentaram probabilidade três vezes maior de sobrevivência pós-cirurgias cardíacas abertas, segundo estudo de 1995, da Faculdade de Medicina de Dartmouth. Enfim, o número de estudos a respeito do poder da fé para uma vida mais feliz vai longe. Melhor saúde mental, pressão mais baixa, bem-estar geral, maior capacidade de superar problemas físicos e psicológicos, batimentos cardíacos mais fortes... são alguns entre os muitos efeitos positivos da devoção.

Outro estudo importante é o realizado pela UNIFESP. Jovens apegados à religião têm menos chances de se envolver com drogas. Foram ouvidos 62 jovens de 12 favelas de São Paulo, sendo 30 deles dependentes químicos. Entre os 32 não-usuários, os fatores apontados como fundamentais para se manter longe das drogas foram a religião e a família.

Veja esta pesquisa sobre o poder da fé que foi feita nos Estados Unidos em dois hospitais: tendo em mãos todos os dados relacionados aos pacientes, foi organizado um grupo de pessoas que diariamente se reuniam para orar por um dos hospitais. Nem os hospitais, nem o grupo de oração tinham conhecimento da pesquisa e da observação a que estavam sendo submetidos.

A diferença entre os dois foi apresentando-se sem demora. Era visível: no hospital que recebia as orações, os pacientes estavam tendo alta mais rapidamente, verificou-se menor número de óbitos que de costume, maior cura e tranquilidade entre os doentes.

Já no outro hospital, que não recebia as orações, tudo seguia como antes, sem nenhuma alteração.

Essa foi mais uma entre tantas buscas para decifrar os mistérios da fé. Comprovando-se mais uma vez o poder da fé.

Quando doer olhar para trás, e se você estiver assustado demais para olhar para a frente, olhe para o lado e verá que seu Maior Amigo estará lá!
A fé torna o impossível possível!

Muitas vezes, acontecem-nos situações que nos fazem questionar: "O que eu fiz para merecer isso?" ou "Por que Deus tinha de fazer isso justo comigo?" A história seguinte explica a razão para as músicas *Tão só* e *Deus te quer sorrindo* estarem no CD "Sentimentos".

Certa vez, uma amiga chamada Valdirene reclamava que tudo estava indo mal com ela. A mãe, ela mal conheceu, pois morreu quando Val ainda era criança, e o pai, que criou e educou com amor as duas filhas, havia morrido há poucos meses. Por isso, ela estava muito triste e, para piorar ainda mais as coisas, estava saindo de um namoro de três anos, e sua irmã, com quem foi morar após a morte do pai, estava para se mudar para outra cidade. Tinha motivos para estar triste. Estava deprimida, a saudade doía fundo no coração e sua fé estava abalada. Eu não sabia o que falar para confortar minha amiga. Enquanto a ouvia, eu estava preparando um bolo e perguntei-lhe se gostaria de um pedaço, e ela disse:

— É claro que sim, eu adoro bolo.
— Toma, então, um pouco de óleo de cozinha.
— Credo, Vera, eu não quero!
— Que tal então comer uns ovos crus?
— Que nojo, não, muito obrigada!
— E um pouquinho de farinha de trigo?
— Oh lôco, comer farinha?!
— Tá bom, tá bom, que tal um pacotinho de fermento biológico seco? (Risos...)
— Credo, isso faz mal! Val respondeu rindo...
— É verdade, todas essas coisas parecem ruins sozinhas, mas quando as colocamos juntas, na medida certa, elas fazem um bolo delicioso! Coloque todos esses momentos ruins que

você está passando nas mãos de Deus. Pois, quando confiamos nele, Ele coloca todas essas coisas na ordem e na medida exatas em nossa vida. A gente só precisa confiar nele, e todas essas coisas ruins se transformarão! Minha amiga, pense sempre, em qualquer situação em que você se encontrar: Deus a quer sorrindo, o mundo pode machucá-la, feri-la, mas Ele lhe manda flores em todas as primaveras, faz nascer o sol todas as manhãs para iluminar sua vida. Busque-o, diga o que a machuca, e, confie, Ele está ouvindo-a. Sempre que você quiser conversar, Ele vai ouvi-la. E, olhe esta laranja em minha mão, a vida muitas vezes fica desta forma (coloquei uma laranja bem perto da luz da lâmpada), um lado está mais claro e o outro, escuro, com sombra. Na vida, muitas vezes é assim, os momentos felizes são como o dia, claro, iluminado; os momentos tristes são como a noite, com a sombra da saudade escurecendo o coração. De um lado está claro, do outro está escuro, como a terra ao redor do sol, mas lembre que sempre vem outro dia e a tristeza, que é a escuridão, vai passar e o dia vai chegar, vai amanhecer e essa tristeza vai embora! Você verá um novo dia raiando e o dia vai ser como um pedaço de bolo; as coisas estarão no lugar, na medida certa! E quando a saudade doer no coração, olhe para a luz e lembre que: o mundo pode até fazer você chorar, mas Deus a quer sorrindo. Por isso, Ele colocou uma luz mais brilhante que o sol dentro de você. E quando a noite chegar, acenda essa luz dentro de seu coração, pois pode a noite vir, mas nunca você ficará na escuridão!

Tão só

Vejo minha vida dividida em duas partes
Durante o dia inesquecível
E quando anoitece no meu coração
A outra parte amanhece
A esperança faz acreditar
No amor que sinto por você.

Tão só, como é fria e escura esta noite
E a saudade é tão grande
Que sinto sua presença nos meus sonhos
Espero a noite passar
O dia vai voltar
Quero ver você chegar.

Naquela noite fria que você partiu
Pensei não conseguir sobreviver.
O futuro só o tempo dirá.
Te peço volta pra mim.

Tão só...

Música do CD Sentimentos – faixa 4

E a música de esperança para este momento é:

Deus te quer sorrindo

Deus está aqui neste momento
Sua presença é real em meu viver.
Entregue sua vida e seus problemas
Fale com Deus, Ele vai ajudar você.

Deus te trouxe aqui
Para aliviar o teu sofrimento.
É Ele o autor da fé, do princípio ao fim
De todos seus momentos.

E ainda se vier noite traiçoeira
Se a cruz pesada for, Cristo estará contigo.
O mundo pode até fazer você chorar
Mas Deus te quer sorrindo. (bis)

Seja qual for o seu problema
Fale com Deus, Ele vai ajudar você.
Após a noite sempre vem o dia
Deus é amor, não te deixará sofrer.

Música do CD Sentimentos – faixa 5

Tenha fé em Deus e fé em si mesmo, em sua capacidade de superar os obstáculos e transformar sua vida! Tenha determinação! Entusiasmo! Confiança!

Sempre busque a solução

Willian Tins, um americano que viveu o drama da Segunda Guerra, descreveu certa vez como conseguiu escapar de um campo de concentração e extermínio na Polônia: Uma noite, Willian Tins tirou a roupa e se atirou sobre um monte de corpos de pessoas que haviam sido executadas pouco tempo antes. Deitou-se ali, nu, junto aos outros corpos, passando-se por um deles, até que no dia seguinte foram todos jogados por nazistas num caminhão aberto. O veículo foi conduzido para fora da cidade, com os corpos dos mortos e com Willian vivo, mas completamente imóvel entre eles. Depois de algum tempo, foram despejados, todos eles, numa grande cova. E assim, ele aguardou até o cair da noite a oportunidade, dentro da escuridão, de sair daquele lugar.

Imagine o desconforto e a tensão sentida por esse homem, o cheiro e a cena terrível que ele via a sua volta. Só com muita determinação e vontade de viver uma pessoa poderia suportar uma situação como essa.

Na escuridão, ele caminhou nu, por várias horas, até alcançar a liberdade.

Qual a diferença entre o escritor e as outras pessoas que simplesmente marcharam para a morte na câmara de gás?

A diferença é que a maioria das pessoas perguntava: "Por que isso acontece comigo?" ou "Por que Deus fez isso comigo?" Por sua vez, o escritor perguntou simplesmente: "Como eu vou sair daqui?" E repetiu para si mesmo a pergunta até conseguir uma resposta.

Muitas pessoas vivem queixando-se da vida, da situação, imaginando que o destino e a sorte estão contra elas, sem entender por que não conseguem resultados melhores na vida, no trabalho, em tudo que fazem.

Vivem perguntando: "Por que isso acontece comigo?", "Por que não tenho a felicidade de ganhar mais em minha profissão?", "Por que tive de trabalhar nisso? Nessa empresa... nessa cidade?..." Detêm-se nas perguntas e buscam sempre respostas negativas, sem alternativas de vitória, e dessa forma a vitória realmente não chega. Já as pessoas de sucesso pensam como o personagem desta história, fazem as perguntas certas e buscam as respostas certas na luz do otimismo, acreditando que para tudo há solução e as colocam em prática.

É aí que está a diferença!

Tenha fé, acredite

Todos os dias, um mendigo procurava uma rua bem movimentada, sentava-se na calçada e a seu lado colocava uma placa com os dizeres: "Vejam como sou feliz! Sou um homem próspero, sei que sou bonito, sou muito importante, tenho uma bela residência, vivo confortavelmente, sou um sucesso, sou saudável e bem-humorado!"

Algumas pessoas que passavam o olhavam intrigados, outros o achavam doido e outros simplesmente lhe davam dinheiro.

Todos os dias, antes de dormir, ele contava o dinheiro e notava que a cada dia a quantia era maior.

Numa bela manhã, um importante executivo, que já o observava há algum tempo, aproximou-se e lhe disse:

— Você é muito criativo! Eu gostaria de ter uma pessoa assim em minha empresa, você toparia fazer uma experiência?

— Vamos lá! Eu só tenho a ganhar! Respondeu entusiasmado o mendigo.

Após um caprichado banho e com roupas novas, foi levado para a empresa. Daí para a frente, sua vida foi uma sequência de sucessos, a empresa onde trabalhava prosperava dia a dia e, depois de certo tempo, ele tornou-se um dos sócios majoritários.

Numa entrevista coletiva à imprensa, esclareceu como conseguira sair da mendicância para tão alta posição:

— Bem, houve época em que eu costumava sentar-me nas calçadas com uma placa ao lado, que dizia: "Sou um nada neste mundo! Ninguém me ajuda! Não tenho onde morar! Sou um homem fracassado e maltratado pela vida! Não consigo um mísero emprego! Mal consigo sobreviver! Por favor, me ajude!"

As coisas iam de mal a pior, quando certo dia achei um livro na calçada. Sem ter o que fazer, resolvi ler e nele li um trecho que dizia: "Tudo o que você fala a seu respeito vai se reforçando. Por pior que esteja sua vida, diga que tudo vai bem. Por mais que você não goste de sua aparência, diga que é bonito. Por mais pobre que seja você, diga a si mesmo que você é próspero, deixe estas palavras entrarem em seu coração e aí permanecerem e verá a diferença acontecer em sua vida!"

Aquilo me tocou profundamente, e como nada tinha a perder, decidi trocar os dizeres da placa para: "Vejam como sou feliz! Sou um homem próspero, sei que sou bonito, sou muito importante, tenho uma bela residência, vivo confortavelmente, sou um sucesso, sou saudável e bem-humorado!"

A partir desse dia, tudo começou a mudar, a vida me trouxe a pessoa certa para tudo o que eu precisava, até que cheguei aonde estou hoje.

Uma repórter, ironicamente, questionou:

— O senhor está querendo dizer que algumas palavras escritas numa simples placa modificaram sua vida?

O homem, cheio de bom humor, respondeu:

— É claro que não, minha ingênua amiga! Primeiro eu tive de acreditar nelas!

O Universo sempre apoiará o que dissermos, escrevermos ou pensarmos a nosso respeito e isso acabará manifestando-se em nossa vida como realidade.

Devemos cuidar muito do que falamos, pensamos e como agimos.

Ser uma pessoa otimista ou não ser, é esta a diferença dos que atingem seus ideais da dos que não atingem. E lembre-se:

não importa a situação que você esteja, sempre há uma chance de recomeçar, de reescrever sua história!

Não importa quão distante estejam seus sonhos, crie a ponte que o levará a alcançá-los!

A roseira

Uma jovem senhora, recém-casada, fez em sua casa um jardim e todos os dias dedicava um tempo especial para cuidar dele.

Um dia, o jovem marido, vendo a dedicação de sua amada pelas flores, pelos cravos, pelas margaridas, pelos lírios... comprou-lhe uma muda de rosa. A esposa ficou muito feliz com o presente e decidiu que aquela roseira seria a planta mais linda de seu jardim.

Com o tempo e os cuidados da esposa, formou-se ali um lindo jardim, todo florido, com as mais variadas cores e flores. A roseira era a mais bela planta do jardim, tão linda que as pessoas da região vinham vê-la, fazendo daquele local um ponto turístico na pequena cidade.

Quanto mais o tempo passava, mais bela ainda se tornava a roseira. Suas flores eram de um vermelho intenso, jamais visto em lugar algum.

O tempo foi passando, vieram os filhos, os netos, mas todos os dias a esposa, agora com os cabelos brancos e o rosto marcado pelo tempo, continuava dedicando-se a seu jardim, em especial à roseira.

Um dia, seu amado se foi para sempre, e ela percebeu o quanto estava velhinha e que logo sua hora de partir também chegaria. Aos poucos, ela foi deixando de cuidar do jardim. Sua neta, uma jovem sensível e delicada, vendo o que estava acontecendo, falou à avó que gostaria de cuidar do jardim para ela, pois não se podia perder tanta beleza cultivada por tantos anos.

A avó sorriu aliviada e disse:

— Sim, minha menina, cuide dele com muito amor.
A jovem passou a cuidar do jardim, seguindo as orientações da avó.
Um dia, a avó foi até o jardim e notou sua roseira triste, longe daquela beleza por tanto tempo admirada. Perguntou à neta se ela estava seguindo todos os cuidados que a avó recomendara.

— Sim, vovó, disse a neta, mas a roseira, eu confesso, é muito grande e tem muitos espinhos, é a mais linda de todas as flores do jardim, mas também é a que mais exige de mim. Toda vez que vou podá-la eu me machuco nos espinhos, que me fazem pensar: como uma flor tão linda vem de uma planta que tem tantos espinhos, de pontas tão afiadas? Por isso não consigo amá-la, mesmo tão linda e perfumada, e este pensamento não me deixa cuidar bem dela.

— Minha querida, falou a avó, com esta roseira eu aprendi muitas lições de vida, principalmente a de aceitar minhas falhas e as dos outros. Observando-a, aprendi a conviver, a entender. Esta roseira foi um presente de seu avô e ela passou a simbolizar nossa união. Sabíamos que em nossa vida teríamos as flores, mas também os espinhos. E nós nos comprometemos de sempre, sempre, olhar as rosas e não os espinhos e, minha querida, como nós fomos felizes! Na vida, os espinhos são as tristezas e as rosas, ah... essas são as alegrias, o carinho, o amor. E nós somos como a roseira; dentro de nós temos os espinhos, são nossas faltas, e, também, temos as rosas, são as nossas qualidades.

Aceite as pessoas como elas são e, acima de tudo, veja a beleza de cada alma, ajudando-a a perceber e a superar suas imperfeições. Isso a fará crescer, a fará feliz, a fará ser forte, é disso que o mundo precisa, que saibamos cuidar e amar as roseiras.

Pense nisso cada vez que olhar um espinho, pense no que cada situação difícil pode lhe dar, no que você pode aprender com ela, crescer e ser melhor, e, para cada espinho, que você veja muitas rosas. E procure acima de tudo ver as rosas que estão dentro de você mesma!

Muitos anos se passaram e conta-se que até hoje a pequena cidade conserva aquele lindo jardim, com as mais belas flores e a mais bela roseira do mundo!

O peso da oração

Uma pobre senhora, com visível ar de derrota estampada no rosto, entrou num armazém, aproximou-se do proprietário, conhecido por seu jeito grosseiro, e lhe pediu fiado alguns mantimentos. Ela lhe explicou que seu marido estava muito doente e não podia trabalhar e que tinha sete filhos para alimentar.

O dono do armazém zombou dela e pediu que se retirasse de seu estabelecimento.

Pensando na necessidade de sua família, ela implorou:

— Por favor, senhor, eu lhe darei o dinheiro assim que eu tiver...

Ele lhe respondeu que ela não tinha crédito e nem conta em sua loja.

Mas a mulher continuou insistindo:

— Dou minha palavra que virei lhe pagar assim que puder.

Mas o comerciante continuava irredutível.

Em pé, no balcão ao lado, um freguês, que assistia à conversa entre os dois, aproximou-se do dono do armazém e lhe disse que ele deveria dar o que aquela mulher necessitava para sua família por sua conta, que ele pagaria.

Então o comerciante, querendo ironizar a situação, falou para a pobre mulher:

— Você tem uma lista de mantimentos?

— Sim, respondeu ela.

— Muito bem, coloque sua lista na balança e o quanto ela pesar eu lhe darei em mantimentos, de graça. Julgava que um simples papel não pesaria nada na balança.

A pobre mulher hesitou por uns instantes e, com a cabeça curvada, retirou da bolsa um pedaço de papel, escreveu alguma coisa e o depositou suavemente na balança.

Os três ficaram admirados quando o prato da balança, com o papel, desceu e permaneceu embaixo. Completamente pasmo com o marcador da balança, o comerciante exclamou contrariado, enquanto a mulher pedia os mantimentos:

— Eu não posso acreditar!

Como a escala da balança não se equilibrava, ele continuou colocando mais e mais mantimentos até não caber mais nada.

O comerciante ficou parado ali por uns instantes, olhando para a balança, tentando entender o que havia acontecido...

O homem deu as mercadorias para a pobre mulher no mais completo silêncio.

Finalmente, ele pegou o pedaço de papel da balança e ficou espantado, pois não era uma lista de compras e sim uma oração que dizia: "Meu Senhor, o Senhor conhece minhas necessidades e eu estou deixando isto em suas mãos..."

Ela, emocionada, agradeceu e deixou o armazém.

Só Deus sabe o quanto pesa uma oração!

Lágrimas de oração

Conheço um casal que depois de alguns anos de casamento, o marido, como se diz, descambou! Tornou-se um mulherengo. A esposa sofria com as saídas do marido, mas não vacilava em sua fé. Todos os dias ia à igreja e, diante do Santíssimo, pedia pela conversão do esposo.

Em casa, era uma esposa que procurava agradar ao marido sempre com uma comida gostosa, feita com muito capricho. Ela sofria, mas tinha fé que ele um dia voltaria a ser como antes.

Numa tarde, passando roupa, ela pegou uma camisa cor-de-rosa do marido e, enquanto passava aquela camisa, entregou em oração seu esposo, ia rezando e passando a camisa, rezando e passando... lágrimas caíam de seu rosto sobre a roupa e ela ia pedindo para que Deus tocasse o coração daquele homem. Pedia, clamava, agradecia e passava a camisa cor-de-rosa. Ela passou tão bem a camisa que ficou uma beleza de se ver, parecia engomada, sem uma dobrinha fora do lugar, como nada igual.

Quando o marido chegou do trabalho naquela noite, tomou seu banho e começou a se arrumar para novamente sair. Abriu seu guarda-roupa e pegou a camisa cor-de-rosa para vestir; viu que beleza ela estava, colocou-a e, ajeitando-se diante do espelho, parou um tempo se olhando. Nesse momento, seu coração foi tocado profundamente, ele se sentou na cama chorando e soluçando como uma criança, um choro que parecia lavar sua alma, tirando toda a impureza.

A partir desse dia, nunca mais esse homem traiu a esposa!

O poder de Deus mudou aquela vida. São passagens que só a fé pode explicar. Uma mudança de vida aconteceu naquele exato momento, resposta a uma vida de oração e amor de sua mulher. Ela não desanimou, e fez o que raramente nos dia de hoje acontece, continuou amando incondicionalmente aquele homem.

Esta é uma história real. Hoje este casal dá testemunho de como o amor e a fé salvaram seu casamento.

O alpinista

Às vezes, por tão pouco, deixamos de lado um grande sonho, um projeto de vida. Fazemos como o alpinista desta história.

Era uma vez um alpinista que escalava uma montanha em meio a uma tempestade de neve.

Um verdadeiro desafio! Quase ao cair da noite, quando já se aproximava do topo da montanha, um movimento em falso fez o alpinista despencar vários metros. Parecia ter chegado ao fim, nada mais restava, mas, como estava equipado com todos os aparatos de alpinista, em certo momento a queda cessou e ele ficou no ar, pendurado apenas por uma corda.

Já era noite, a neve caía abundantemente e o frio era intenso. Nessa situação de desespero, só escuridão e frio a sua volta, ele não via saída. Começou a rezar, pedindo a Deus que o ajudasse a achar uma solução, pois em breve estaria congelado.

Nesse momento, escutou uma voz em seu íntimo que dizia: "Solte a corda".

Ouvindo isso, ele pensou: "Devo estar louco, que pensamento é esse? A corda é minha única segurança, se eu soltá-la, morrerei na certa". E, pensando assim, agarrou-se mais ainda à corda.

No dia seguinte, quando a equipe de resgate chegou, encontrou o alpinista morto, preso a uma corda a alguns centímetros do chão.

O medo e o apego às coisas que aparentemente nos causam segurança nos privam de grandes feitos e realizações. Muitas vezes, a solução de nosso problema está muito perto, mas, como o alpinista, não vemos e ficamos presos a uma corda a poucos centímetros do chão.

Pegadas na areia

Uma noite eu tive um sonho...

Sonhei que estava andando na praia com o Senhor e, através do Céu, passavam cenas de minha vida.

Para cada cena que se passava, percebi que eram deixados dois pares de pegadas na areia: um era meu e o outro do Senhor.

Quando a última cena de minha vida passou diante de nós, olhei para trás e notei que, muitas vezes no caminho de minha vida, havia apenas um par de pegadas na areia.

Notei também que isso aconteceu nos momentos mais difíceis e angustiantes de meu viver.

Isso me aborreceu deveras e perguntei:

— Senhor, tu me dissestes que, uma vez que eu resolvi te seguir, Tu andarias sempre comigo, todo o caminho. Mas notei que, durante as maiores dificuldades de meu viver, havia na areia dos caminhos da vida apenas um par de pegadas. Não compreendo por que, nas horas em que eu mais necessitava de Ti, Tu me deixastes.

O Senhor respondeu:

— Meu precioso filho, eu te amo e jamais te deixaria nas horas de tua provação e de teu sofrimento. Quando vistes na areia apenas um par de pegadas, foi exatamente aí que *Eu te carreguei nos braços.*

Voz do coração

Linda como o azul do mar
É a cor dos sonhos meus.
Tão brilhante a cintilar
Como o sol nos olhos teus.
Vou seguindo o meu caminho
No querer viver feliz.
"A felicidade existe",
O coração diz.

E sonhar e seguir e chorar e sorrir.
Vou seguindo, perseguindo
Essa voz do coração.
Se a vida tem espinhos
Ela dá também a flor
Nos momentos de carinho
Nos momentos de amor.

E sonhar...

Música do CD De Bem com a Vida – faixa 5

III Parte – A amizade

Sempre estarei com você

sta é uma história real, divulgada pela ONU. Na Romênia, um homem dizia sempre a seu filho: "Haja o que houver, eu sempre estarei com você".

Houve, nessa época, um terremoto de intensidade muito grande, causando grande destruição. Estava o homem em uma estrada. Ao ver o ocorrido, correu para casa e verificou que sua esposa estava bem, mas seu filho estava na escola. Correu imediatamente para lá e encontrou o prédio da escola totalmente destruído, não restando uma única parede de pé.

Tomado de enorme tristeza, ficou ali relembrando os bons momentos que passaram juntos, ouvindo a voz feliz de seu filho e lembrando com amargura sua promessa não cumprida: "Haja o que houver: eu estarei sempre a seu lado".

Não podia acreditar no que estava acontecendo, isso não era real! Seu coração estava apertado e sua vista apenas enxergava a destruição. Mentalmente relembrou o trajeto que fazia diariamente segurando a mãozinha de seu filho, o portão, que não existia mais, o corredor, a sala do 3º ano defronte à qual passava, virava o corredor, olhava o rostinho sorridente de seu filho, dava-lhe um abraço e o esperava entrar na sala de aula.

Foi nesse momento que resolveu fazer sobre os escombros o mesmo trajeto. Portão, corredor, virou à direita e parou em frente ao que deveria ser a porta da sala de aula. Nada! Apenas uma pilha de material destruído. Nem ao menos um pedaço de alguma coisa que lembrasse a classe. Olhava tudo, desolado. E continuava a ouvir sua promessa: "Haja o que houver, eu sempre estarei com você". Mas ele não estava. Começou a cavar com as mãos. Nisso chegaram outros pais que, embora bem-intencionados e também desolados, tentavam afastá-lo de lá dizendo:

— Vá para casa. Não adianta, não sobrou ninguém.

E ele só pedia:

— Você vai me ajudar?

Mas ninguém o ajudava, um a um, todos se afastavam, com profunda tristeza. Chegaram os policiais, que também tentaram retirá-lo dali; eles viam que não havia chance de ter sobrado ninguém com vida naquele local, e havia outros locais com mais esperança, onde eles estavam se dedicando, onde havia muito o que fazer. Mas esse homem não esquecia sua promessa ao filho, a única coisa que dizia para quem tentava retirá-lo de lá era:

— Você vai me ajudar?

E continuava cavando.

Mas todos o abandonavam. Chegaram os bombeiros e a equipe de resgate da ONU.

— Saia daí, não está vendo que não pode ter sobrado ninguém vivo? Você ainda vai pôr em risco a vida de pessoas que o queiram ajudar, pois continuam havendo explosões e incêndios.

Ele retrucava:

— Vocês irão me ajudar?

— Você está cego pela dor, meu amigo, não enxerga mais nada, vá para casa, desista, dizia um homem em meio às lágrimas, tocando seus ombros. Mas o pai virou-se para ele, fitou-o nos olhos e disse:

— Você vai me ajudar?

Na desolação, todos se afastavam, mas ele continuava quase sem descanso, cavando 5, 10, 12, 24, 30 horas. Já exausto, dizia a si mesmo que precisava saber se seu filho estava vivo ou morto. Até que, ao afastar uma enorme pedra, tornou a gritar por seu filho com todas as suas forças. De repente, o inesperado aconteceu, mas nem ele podia crer no que estava ouvindo:

— Papai, estou aqui!

Tomado por uma alegria desesperada, fazia mais força ainda para abrir um vão maior e gritou:

— Meu filho, você está bem?

Do outro lado ouviu a voz de seu filho:

— Estou. Mas com muita sede, fome e muito medo.

— Tem mais alguém com você?

— Sim, mais 14 estão comigo, estamos todos presos em um vão entre dois pilares, mas estamos bem. Papai, eu falei a eles: Vocês podem ficar sossegados, pois meu pai irá nos achar. Eles não acreditavam, e choravam muito, mas eu sempre dizia: é verdade, fiquem sossegados, ele virá, pois ele me prometeu: Haja o que houver, estarei sempre com você. Eu sabia, papai, eu sabia!

E ainda se ouviam os gritos de alegria.

— Vamos, abaixe-se e tente sair por este buraco, disse o pai.

— Papai, vou deixar meus amigos saírem primeiro porque eu sei que haja o que houver, você estará me esperando!

É tão grande a riqueza desta história real que nos leva a questionar: Como está nossa convivência com as pessoas que mais amamos? Será que estamos cumprindo o que prometemos, somos fiéis em nossas palavras, no lar, no trabalho? Seguimos em frente guiados por nossas próprias convicções, naquilo de bom que realmente acreditamos, sem dar ouvidos às palavras dos pessimistas? Sou um amigo fiel?

Leva-nos a refletir, mostra-nos que quem ama confia. E termino com uma frase de Amir Klink: "Quem tem um amigo fiel, mesmo que um só, não importa onde se encontre, jamais sofrerá de solidão; poderá morrer de saudade, mas não estará só".

Conta comigo

Eu sou seu amigo
Sempre que você precisar
Pode contar comigo
Se quiser um ombro amigo.

Onde você estiver, quando você precisar
Pode chamar que vou correndo
Pode chamar vou te encontrar.
Onde você estiver, quando você precisar
Pode contar comigo.

Por toda a minha vida
Quero sempre estar com você
Ser seu melhor amigo
Um grande amigo seu quero ser.

... Haja o que houver sempre estarei com você
Pode contar comigo.

Música do CD Sentimentos – faixa 2

Os irmãos

  A amizade é uma linda flor que enfeita o jardim da vida.
  Era noite, véspera de Natal, quando Paulo saiu de seu escritório e avistou um menino de rua andando em volta de seu carro novo, o carro que ele havia acabado de ganhar de Natal de seu irmão. O menino olhava com admiração o interior do carro, os bancos de couro ainda cobertos por plásticos de proteção e as mãozinhas acariciavam a lataria novinha e reluzente. Paulo se aproximou um pouco cismado.

— Este carro é seu, moço? Perguntou o menino.
Paulo disse que sim, notando uma simplicidade especial no menino.
— Nossa! Como é bonito e novinho, deve ter custado muito caro, não é?
— É, mas meu irmão me deu de Natal.
— Quer dizer que foi um presente de seu irmão e não lhe custou nada? Moço, quem me dera... hesitou ele encantado com o fato. É claro que Paulo sabia o que ele ia desejar. Ele ia desejar ter um irmão como aquele. Mas o que o garoto disse o surpreendeu.
— Quem me dera, continuou o garoto, ser um irmão como esse.
Paulo olhou o garoto com espanto, viu naquele garoto algo especial, encantou-se com o menino, uma simpatia daquelas que nasce de repente, sem saber porquê, e então, impulsivamente, acrescentou:
— Você gostaria de dar uma volta em meu automóvel?
O menino, num sorriso faceiro, responde:
— Oh, sim, eu adoraria.
Depois de uma voltinha, o garoto disse:
— O senhor se importaria de passar em frente a minha casa?
Paulo deu um leve sorriso, respondendo que não. Logo, porém, acreditou que o menino queria mostrar aos vizinhos que podia chegar em casa num carrão, e seguiu em direção à casa do garoto.
— Pode parar em frente àqueles dois degraus, sou bem rapidinho, eu volto em um instante. Disse o garoto.
Ele subiu correndo os degraus. Então, passados alguns momentos, Paulo o viu retornar, mas ele não vinha depressa. Carregava seu irmãozinho paralítico. Sentou-o no degrau inferior, abraçou-o fortemente e apontou o carro dizendo:
— Aí está ele, amigão, exatamente como eu lhe contei lá em cima. O irmão deu o carro a ele de presente de Natal. Eu, algum dia, vou lhe dar um igualzinho, então você poderá passear e ver as vitrines de Natal e todas as coisas bonitas que eu sempre lhe conto.
Paulo saiu do carro. Nunca imaginara um dia presenciar uma cena como aquela, ver tanto amor e carinho entre dois irmãos, amigos, companheiros... a dor e a solidariedade juntas

num sonho de felicidade, de vida... a alegria inocente de duas crianças imaginando a realização de um sonho, tão simples para ele, mas tão distante para elas. O que mais tocava era o amor, a profunda amizade entre eles, e a alegria em um dia fazer o outro mais feliz... aquele momento era de tocar o coração.

Com a voz meio embargada, Paulo tenta disfarçar a emoção e convida os irmãos para um passeio juntos, no "carro novo", o que é recebido com entusiasmo e alegria pelos meninos.

Colocaram cuidadosamente o irmãozinho paralítico no banco da frente e o irmão mais velho sentado atrás, com os olhos brilhando, apontando para as vitrines reluzentes e coloridas... falando muito, os três expressavam total felicidade...

Naquela noite de Natal, Paulo entendeu o que Jesus queria dizer quando mencionava: "Mais afortunados são os que dão..."

A verdadeira amizade é assim. Ela está em toda a parte, mas só a encontra quem é capaz de se doar.

Amigos pra valer

Como é lindo saber com você posso contar
Vários anos se passaram e ao meu lado você está
Esta grande amizade veio pra ficar
Meu amigo, grande amigo, com você posso contar!

Sei o quanto se esforçou só pra me ajudar
Meu amigo, com certeza Deus com você está
E esta grande amizade veio pra ficar
Meu amigo, grande amigo, com você posso contar!

Amigos, amigos pra valer
Somos amigos, amigos pra valer, de coração
Obrigado amigo, meu amigo, meu irmão...

Música do CD Temas de Família – faixa 15

Não ligue para picuinhas

Havia dois meninos que todos os dias brincavam juntos. Eram muito amigos, chamavam-se Carlinhos e Pedrinho.

Certo dia, Pedrinho chegou em casa arranhado, chorando muito, dizendo que o amigo Carlinhos havia lhe batido.

O pai, ouvindo isso, ficou irritado. Imediatamente chamou a esposa e avisou que iria até a cidade dar parte à polícia do vizinho que havia batido em seu filho.

Os dois, pai e filho, pegaram a carroça e seguiram rumo à delegacia da cidade. No caminho, Pedrinho avistou Carlinhos em frente a casa brincando. Pediu ao pai:

— Pai, pare um pouquinho aqui na casa do Carlinhos que eu tenho uma coisa para falar para ele.

O pai parou a carroça, achando que o desaforado do Carlinhos ia ouvir "algumas" de seu corajoso filho. Da carroça, Pedrinho gritou:

— Ô Carlinhos! Eu vou com meu pai à cidade, mas logo tô de volta pra gente brincá, tá?

— Tá bom, respondeu o amigo, vai fazê o quê? Aproximando-se, como quem quer ir junto...

Nesse momento, o pai deu meia-volta com a carroça e vai em direção à casa, pois só então percebeu a besteira que iria fazer.

As crianças são autênticas, espontâneas, sinceras, perdoam e esquecem com facilidade. Pena que, depois que crescemos, muitos de nós mudam tanto!

Essa mensagem me faz refletir e me faz lembrar as palavras de Jesus: "Em verdade vos declaro, se não vos transformardes e vos tornardes como criancinhas, não entrareis no reino dos céus" (Mt 18,3).

O reino dos céus, muitas vezes, imagino, pode ser aqui na terra mesmo. É a paz, a compreensão, a harmonia no convívio com nossos semelhantes.

Temos muito a aprender com as crianças. Como elas perdoam com facilidade. As crianças, quando brigam, num instantinho estão brincando juntas novamente. Como se nada tivesse acontecido, elas esquecem facilmente os aborrecimentos.

Numa ocasião, quando a Amanda, minha filhinha, tinha três aninhos, tive de deixá-la na casa de minha mãe para ir a um casamento, pois o convite era restrito ao senhor e à senhora. Fomos à casa da vovó, mas, na hora da despedida, a Amanda não quis sair de meu colo de jeito nenhum. Entramos, colocamos os brinquedos todos no chão, espalhados sobre uma coberta na sala para a Amanda brincar. Devagar, disfarçadamente, eu tentava sair. Quando ela se dava conta de minha falta, era aquele berreiro e eu voltava para acalmá-la, chegando ao limite do horário e de todas as alternativas para entretê-la; finalmente saí, deixei-a chorando, ou melhor, berrando. Meu coração estava partido, mas não deu um minuto e foi aquele silêncio. Estranhei e voltei nas pontas dos pés para ver o que estava acontecendo. O que vi era de admirar. Amanda ria divertidamente com as brincadeiras da vovó. Se eu não tivesse visto a cena anterior, da birra, jamais diria que aquela menininha, segundos atrás, estava chorando tanto.

É! As crianças são assim mesmo, esquecem rapidinho certos sentimentos que as entristecem, entregando-se ao momento presente.

Realmente, com o passar dos anos, muitas coisas desaprendemos nesta caminhada e temos muito de aprender com as crianças!

Nunca se esqueça: "Em verdade vos declaro, se não vos transformardes e vos tornardes como criancinhas, não entrareis no reino dos céus" (Mt 18,3).

E o reino dos céus, podemos senti-lo aqui, bem pertinho, na paz interior!

Por isso, perdoe, abra seu coração para esse sentimento, perdoar faz mais bem a quem o dá do que a quem o recebe, é o que confirma a história seguinte.

O filho único

Essa história é sobre um casal que morava em uma cidadezinha do interior. Esse casal tinha um único filho chamado João. João não se dava muito bem com seu pai. Era um rapaz muito rebelde. Seu pai sempre fora um homem exigente, queria que o filho se tornasse um adulto responsável e por isso exigia do filho que trabalhasse, que estudasse, que seus amigos fossem boas companhias, não dava moleza não, queria o melhor para seu filho. Mas João não entendia e sempre reclamava para sua mãe:

— Esse homem não me permite fazer nada, até pareço seu escravo, ele só me faz trabalhar. Não posso nem ir à cidade para ver meus amigos.

Um dia, quando João estava mais velho, brigou tanto com seu Pai, que resolveu sair de casa. A mãe insistiu:

— Meu filho, não vá, vocês vão esquecer essa briga, é passageira.

Mas João virou-se para a mãe e disse:

— Vocês não me amam, vou embora daqui.

Dessa forma, brigado com seu pai, e mesmo vendo o pranto de sua mãe, João foi embora, foi para a cidade grande. Chegando lá, graças ao trabalho que fazia com seu pai, João arrumou um emprego rapidinho, porque tinha uma profissão que aprendera por causa das exigências de seu pai. E assim se sustentou.

Muitos anos se passaram... João se casou com uma linda moça.

Anos depois teve seu primeiro filho.

Um dia, a esposa de João disse-lhe que gostaria muito de conhecer os pais dele e que eles, com certeza, gostariam também de conhecer o netinho. João pensou um pouco, até ficou um pouco triste, e disse:

— Não, meus pais não. Eles não me amam, eles não vão querer conhecer meu filho. E além do mais, muitos anos se passaram e eles já devem ter até morrido.

Dois anos depois, João teve outro filho. Mais um tempo se passou e um dia o filho mais velho fez uma pergunta a João, que lhe cortou o coração:
— Papai, nós só conhecemos o vovô e a vovó, pais da mamãe. Você não tem papai nem mamãe como nós?
Naquele instante, João resolveu rever seus pais, tentar uma reaproximação. Pensou em telefonar, mas estava sem coragem. Seu coração disparava só de pensar em ouvir a voz de sua mãe.
"Com certeza ela choraria muito, ou será que ainda estava chorando como a deixei muitos anos atrás?", pensou ele, deixando cair as lágrimas que há muito tempo queriam molhar sua face. Então, resolveu escrever uma carta a seus pais que dizia assim: "Oi. Aqui é o João, eu me casei e tive dois filhos. Eles querem conhecer vocês. Não sei se depois desses longos anos vocês me perdoaram. Não sei se vão querer me ver, mas irei visitar vocês com minha família no próximo dia 5, por volta das 9 horas da manhã. Se me perdoaram, coloquem um pano branco onde eu possa ver, porque estarei indo no trem que passa bem em frente da casa de vocês, e assim eu saberei se posso voltar ou não". E enviou a carta a seus pais.
João fez todos os preparativos, arrumou as malas e as crianças. Não conseguia disfarçar sua emoção e o arrependimento por ter abandonado seus pais por tantos anos. Aquela revolta da juventude, hoje, havia se transformado em dor de quem, só agora, havia entendido quão ingrato fora com quem tanto o amou. Seguiu sua viagem, pegou o trem... mas estava muito nervoso e pensava: "Será que eles receberam minha carta? Será que me perdoaram? Será que estão vivos?"
O trem estava em movimento, mas João não parava de andar para lá e para cá dentro dele. Quando chegaram a uma estação anterior à de seu destino, João já não conseguia mais se conter, ele suava frio. O trem seguiu seu trajeto e João estava grudado na janela como uma criança que não via a hora de chegar a casa. O trem entrou em uma curva e João sabia que depois daquela curva ele conseguiria ver a casa de seus pais.

— Após esta curva, conseguiremos ver a casa do vovô e da vovó. João disse para sua família. Todos ficaram com os olhos grudados na janela.

O trem terminou a curva e João e sua família puderam então avistar a casa. Ela estava cheia de lençóis brancos, nas cercas, nas janelas e, o mais comovente, um casal de velhinhos acenava com lenços brancos para o trem, em sinal do perdão ao filho. Foi uma festa só...

Hoje, existe um pai em algum lugar perdoando seu filho por seus erros... Que tal ser como esse pai, hoje, agora?

Fale, telefone, mande uma carta ou um e-mail! Perdoe! Acene com um lenço branco! Ele, com certeza, estará esperando.

Ou então apenas sorria! Ele entenderá.

Ou se você é como este filho era na juventude, por favor, pare um pouco para pensar, reflita bem sobre esta história. Tomara que ainda haja tempo de você mudar, de se arrepender, de entender e de voltar para casa, de abraçar seu pai, sua mãe, antes que seja tarde demais!

A mais linda canção

A mais linda canção que a mãe quer ouvir
É simples barulho da porta se abrir
Ver sua filha entrar e dizer feliz, estou aqui
Quero tanto pra você falar:
Quero ser feliz na vida e é pra valer,
Hoje entendi o que você quis me dizer
E vi quão importante sou pra você,
Me perdoe a demora em lhe entender
Em lhe entender.

Mãe, você sempre me falou de amor
Muitas vezes respondi: dor.
Você é muito importante pra mim
Hoje e sempre quero lhe dizer...

A mais linda canção que um pai quer ouvir
É simples barulho do telefone tocar
E seu filho dizendo, me espere que já vou chegar
Quero tanto, meu pai, lhe falar:
Quero ser feliz na vida e é pra valer
Hoje entendi o que você quis me dizer
E vi quão importante sou pra você
Me perdoe a demora em lhe entender
Em lhe entender.

Pai, você sempre me falou de amor.
Muitas vezes respondi: dor.
Você é muito importante pra mim
Hoje e sempre quero lhe dizer: sim.

Música do CD Felicidade – faixa 13

*Faça tudo com amor,
e o mundo conspirará a seu favor*

Esta é a história de um humilde fazendeiro escocês chamado Fleming. Um dia, enquanto trabalhava para ganhar a vida, o sustento para sua família, ele ouviu um pedido desesperado de socorro vindo de um pântano nas proximidades. Largou suas ferramentas e correu de encontro aos gritos. Lá chegando, encontrou um menino enlameado até a cintura, gritando e tentando salvar-se. O fazendeiro salvou o rapaz de uma morte lenta e terrível.

No dia seguinte, uma carruagem riquíssima chega à humilde casa do escocês. Um nobre elegantemente vestido sai e apresenta-se como o pai do menino que o fazendeiro havia salvado.

— Eu quero recompensá-lo, disse o nobre, você salvou a vida de meu filho.

— Não, eu não posso aceitar pagamento para o que eu fiz, responde o fazendeiro escocês, recusando a oferta.

Naquele momento, o filho do fazendeiro veio à porta do casebre.

— É seu filho? Perguntou o nobre. Eu lhe farei uma proposta. Deixe-me levá-lo e dar-lhe uma boa educação. Se o rapaz for como seu pai, ele crescerá e será um homem do qual você terá muito orgulho.

E foi o que ele fez. Tempos depois, o filho do fazendeiro Fleming formou-se no St. Mary's Hospital Medical School de Londres. Ficou conhecido no mundo como o notável Senhor Alexander Fleming, o descobridor da Penicilina.

Anos depois, o filho do nobre estava doente com pneumonia. O que o salvou? A Penicilina. O nome do nobre? Senhor Randolph Churchill. O nome do filho dele? Sir Winston Churchill.

Faça o melhor que você possa e verá que o mundo conspirará a seu favor. Alguém disse uma vez que a gente colhe o que planta. Trabalhe como se você não precisasse do dinheiro.

Ame como se você nunca tivesse tido uma decepção. Deixe um rastro de luz ao transitar pela vida e esta iluminará seu caminho e de quem estiver perto de você. Há lugar para todos que fazem bem feito o que têm para fazer.

Colhemos o que plantamos

Havia um lenhador que não tinha estudo, mas era muito trabalhador. Cortava lenha desde o raiar do dia até o sol se pôr e a vendia em uma cidade próxima, aplicando todo o dinheiro no estudo do filho que queria ser médico.

O tempo foi passando. O menino conseguiu entrar na faculdade de medicina e tornou-se um grande médico, ficando famoso e muito rico. Construiu uma linda casa, casou-se e teve um filho. Seu pai, o lenhador, já muito velho e doente, foi morar com o filho médico.

O filho tinha uma vida social intensa, recebia muitos amigos importantes em sua casa. Por isso, resolveu colocar seu pai no quarto dos fundos, pois, como não tinha estudo e era muito simples, não deveria estar conversando com as pessoas cultas.

Com o passar do tempo, as mãos do lenhador, cansadas, tremiam muito e acabavam por quebrar as louças finas do médico. Então, este deu uma gamelinha de barro para as refeições do pai e colocava-o para comer no quintal.

O filho do médico gostava de fazer companhia ao avô nas horas das refeições. Um dia, o médico foi ao encontro de seu filho, e este estava no quintal fazendo uma gamelinha de barro.

Então seu pai disse:

— Para que isso, filho?

O filho respondeu:

— Para você comer, papai, quando ficar velho e sua mão começar a tremer como a do vovô.

A partir daquele dia, ele levou o pai para dentro de casa, comiam juntos e todos tratavam muito bem o velhinho.

O filho, sem consciência do esforço do pai para educá-lo e transformá-lo em médico, desprezou-o e isolou-o. No entanto, ao velho pai, ele deveria demonstrar todo o reconhecimento e toda a consideração por ter chegado aonde chegou.

 Muitas pessoas, depois que atingem determinada posição na vida, afastam-se das pessoas mais humildes, que muitas vezes mais contribuíram para essa caminhada.

 E quem ama realmente perdoa e sempre está a esperar.

Alguém a esperar

Estou vendo em você
Há tristeza no olhar
Mesmo sem dizer, eu sei
O que não quer me contar.

Já faz tempo, muito tempo
Que eu não vejo mais você
Que agora é importante
Tomou gosto por poder.

Se afastou do seu amigo
que sempre o ajudou
Nos momentos mais difíceis
Em quem sempre confiou.

Talvez pela circunstância
Teve que se afastar
Mas voltar nunca é tarde
Se há alguém a esperar.

Ninguém é feliz assim
Se do seu mundo isolou
As pessoas que um dia
Com certeza mais amou.

Música do CD De Bem com a Vida – faixa 11

O melhor presente

Era véspera de Natal quando uma garotinha de 10 anos entrou na joalheria e pediu com os olhinhos brilhando de emoção para ver um colar azul que estava na vitrine. O dono da loja, desconfiado, mostrou o colar à menina.

— É para minha irmã mais velha, quero dar para ela o melhor presente que eu possa comprar. Sabe, desde que minha mãe morreu, é ela quem cuida de mim. Ela é muito boa e eu quero dar-lhe um presente lindo, como esse colar.

O dono da loja, ainda mais desconfiado, perguntou:

— Quanto dinheiro você tem?

A menina mostrou um lencinho e dentro tinha dez reais em moedas. E perguntou:

— Isso dá? Quero que o senhor faça o melhor embrulho que puder. O mais bonito!

O homem foi para o interior da loja, colocou o colar em uma caixa bem bonita, embrulhou-o, fez um caprichado laço de fita e disse à menina:

— Tome! Leve com cuidado para não perder.

E a menina saiu feliz, saltitando pela rua.

Quando chegou a noite de Natal, alguns minutos antes de a loja fechar, já era tarde e as vendas tinham sido ótimas. Entra na loja uma linda moça de uns 18 anos e pergunta:

— Este colar foi comprado aqui?

— Sim, senhorita, respondeu o dono da loja.

— E quanto custou?

— Ah! Falou o dono da loja. O preço de qualquer produto de minha loja é sempre um assunto confidencial entre o vendedor e o cliente.

E a moça continuou:

— Mas minha irmãzinha não tinha dinheiro para comprar este colar. Eu sei que ela não tinha mais do que R$10,00.

O homem tomou o colar, refez o embrulho, colocou a fita e devolveu-o à moça dizendo:

— Ela pagou o preço mais alto que qualquer pessoa poderia pagar. Ela deu tudo o que tinha!

O silêncio encheu a pequena joalheria e duas lágrimas rolaram pela face emocionada da jovem enquanto suas mãos pegavam o embrulho...

Esta história toca o coração pela doçura, amor, carinho e honestidade dos personagens. Que neste Natal e sempre nossos corações se encham de amor e que, como aquela menina, possamos dar tudo o que temos para ver feliz nosso próximo, sem poupar esforços para ajudar os outros.

E lá no coração saber que:
"O MUNDO É MELHOR
PORQUE DEUS FEZ VOCÊ.
O MUNDO É MELHOR
PORQUE VOCÊ EXISTE".

IV Parte – O amor

Amar é achar na felicidade alheia
sua própria felicidade.
A maior dádiva do coração do homem está em amar.
amar incondicionalmente, amar simplesmente
por somente querer amar.

A jura de amor

Um casal de jovens, recém-casados, era muito pobre e vivia de favores num sítio do interior. Um dia, o marido, que amava muito sua esposa, fez uma proposta a ela. Disse que iria sair para bem longe até encontrar um emprego, juntar algumas economias para dar uma vida mais digna e confortável a sua amada. Não sabia por quanto tempo ficaria fora, mas ela teria de lhe prometer ser fiel até que ele voltasse.

Assim sendo, o jovem saiu. Andou muitos dias a pé, até que encontrou um fazendeiro que estava precisando de alguém para ajudá-lo em sua fazenda. Foi empregado, mas pediu para fazer um pacto com o patrão, acreditando o jovem que o patrão era sábio e honesto, o que também foi aceito. O pacto foi o seguinte: o jovem trabalharia arduamente e todo o salário seria colocado numa poupança pelo patrão, até o dia em que o empregado julgasse ter dinheiro suficiente para voltar para casa, para sua amada.

Tudo combinado. O jovem trabalhou durante vinte anos, sem férias e sem descanso. Depois de vinte anos, chegou para o patrão e disse:
— Patrão, eu quero meu dinheiro, pois estou voltando para minha casa.

O patrão então lhe respondeu:
— Tudo bem, afinal fizemos um pacto e vou cumpri-lo, só que antes quero fazer-lhe uma proposta, tudo bem? Eu lhe dou seu dinheiro e você vai embora, ou lhe vendo três conselhos preciosos que me levaram a conquistar tudo o que hoje eu tenho, e não lhe dou o dinheiro e você vai embora. Se eu lhe der o dinheiro, não lhe dou os conselhos; se eu lhe der os conselhos, não lhe dou o dinheiro. Vá para seu quarto, pense e depois me dê a resposta.

Ele pensou durante dois dias, procurou o patrão e disse-lhe:
— Quero os três conselhos.

O patrão novamente frisou:
— Se lhe der os conselhos, não lhe dou o dinheiro.

E o empregado respondeu:
— Quero os conselhos.

O patrão então lhe falou:
1. Nunca tome atalhos em sua vida. Caminhos mais curtos e desconhecidos podem custar sua vida.
2. Nunca seja curioso para aquilo que é mau. Pois a curiosidade para o mau pode ser mortal.
3. Nunca tome decisões em momentos de ódio ou de dor. Pois você pode arrepender-se e ser tarde demais.

Após dar os conselhos, o patrão disse ao rapaz, que já não era tão jovem assim:
— Aqui está algum dinheiro para os gastos da viagem de volta e também lhe estou dando três pães, estes dois são para você comer durante a viagem e este terceiro é para comer com sua esposa, quando chegar a casa, mas só quando chegar a casa.

O homem ficou um tanto decepcionado com os conselhos, e além disso estava voltando para casa sem dinheiro algum. Mas, como sempre mantinha sua palavra, seguiu seu caminho de volta, depois de vinte anos longe de casa e da esposa a quem ele tanto amava.

Após o primeiro dia de viagem, encontrou um andarilho que o cumprimentou e lhe perguntou para onde ele estava indo.

— Vou para um lugar muito distante, que fica a mais de vinte dias de caminhada por essa estrada.

O andarilho disse-lhe então:

— Rapaz, este caminho é muito longo, eu conheço um atalho e você chegará em poucos dias.

O rapaz, contente, pensou em seguir pelo atalho, quando se lembrou do primeiro conselho. Então seguiu o caminho normal. Era melhor seguir o conselho, pois pagara caro por ele. Dias depois, soube que o atalho o levaria a uma emboscada de assaltantes.

Depois de alguns dias de viagem, cansado ao extremo, achou uma pensão à beira da estrada, onde pôde se hospedar. Pagou a diária e, após tomar um banho, deitou-se para dormir. De madrugada acordou assustado com um grito estarrecedor. Levantou-se assustado e dirigiu-se à porta para ver o que estava ocorrendo. Quando estava abrindo a porta, lembrou-se do segundo conselho. Voltou, deitou-se e dormiu.

Ao amanhecer, depois de tomar café, o dono da hospedagem lhe perguntou se ele não havia ouvido um grito e ele lhe disse sim.

O hospedeiro:

— E você não ficou curioso?

Ele disse que não.

Ao que o hospedeiro respondeu:

— Você é o primeiro hóspede a sair daqui vivo, pois meu filho tem crises de loucura, grita durante a noite e quando o hóspede sai, mata-o e enterra-o no quintal. Vá embora logo, fuja daqui!

O homem saiu correndo, desesperado e ansioso por chegar a sua casa.

Depois de muitos dias e noites de caminhada, já ao entardecer, viu entre as árvores a fumaça de sua casinha, o coração começou a bater acelerado. Andou e logo viu entre os arbustos sua esposa. Estava anoitecendo, mas ele pôde ver que ela não estava só. Andou mais um pouco e viu que ela estava abraçada a um homem que acariciava seus cabelos.

Quando viu aquela cena, seu coração se encheu de ódio e amargura, e decidiu correr ao encontro dos dois e matá-los ali mesmo, naquele momento, sem piedade.

Apoderado de um ódio incontrolável, da dor da revolta e de um choro de desespero, partia em direção ao casal quando se lembrou do terceiro conselho. Então parou, pois pagara muito caro por ele, afinal foram vinte anos de trabalho, e decidiu dormir aquela noite ali mesmo, ao relento, e no dia seguinte tomaria uma decisão. Ao amanhecer, um pouco mais conformado, ele decidiu: "Não vou matar minha esposa e nem seu amante. Vou voltar para meu patrão e pedir a ele que me aceite de volta. Só que antes, quero dizer a minha esposa que eu sempre fui fiel a ela e que nunca quebrei nossa promessa".

Dirigiu-se à porta da casa e bateu. Quando a esposa abre a porta e o reconhece, atira-se em seu pescoço e o abraça afetuosamente.

Ele tenta afastá-la, mas não consegue. Então, chorando, ele lhe diz:

— Eu fui fiel a você e você me traiu...

Ela espantada respondeu:

— Como? Eu nunca o traí, esperei durante esses vintes anos por você.

Ele então lhe diz:

— Não há motivos para me enganar. Eu a vi com um homem lhe acariciando ontem, ao entardecer.

E ela:

— Aquele homem? É nosso filho. Quando você foi embora, descobri que estava grávida. Hoje ele está com vinte anos de idade.

Então o marido entrou e, emocionado, viu seu filho, abraçou-o por um longo tempo, contou-lhes toda a sua história, entregou o último pão à esposa, enquanto ela preparava a mesa para o café.

Sentaram-se para tomar café e comerem juntos o último pão. Após a oração de agradecimento, ele parte o pão e ao abri-lo encontra todo o seu dinheiro, o pagamento por seus vinte anos de dedicação.

Muitas vezes achamos que o atalho "queima etapas" e nos faz chegar mais rápido, o que nem sempre é verdade. Muitas vezes queremos ir por caminhos mais fáceis, curtos, querendo atingir nossos sonhos sem a longa caminhada, sem a espera e o amadurecimento que o tempo traz. É preciso cautela.

Muitas vezes somos curiosos, queremos saber de coisas que nem ao menos nos dizem respeito e que nada de bom nos acrescentará.

Outras vezes, agimos por impulso, na hora da raiva, e fatalmente nos arrependemos depois.

É bom sempre pensarmos bem antes de tomarmos uma atitude agressiva contra alguém. Veja esta outra história que expressa bem o erro que podemos cometer em nos precipitar, sem analisar bem os fatos. Todos nós já tivemos, ou poderemos ter, momentos de precipitações em nossas vidas.

Um homem castigou sua filhinha de três anos por ter desperdiçado um rolo de papel de presente dourado. O dinheiro andava escasso naqueles dias, razão pela qual o homem ficou furioso ao ver a menina envolver uma caixinha com aquele papel dourado e colocá-la debaixo da árvore de Natal.

Apesar do castigo, na manhã seguinte, a menininha levou o presente a seu pai e lhe disse:

— Isto é para você, paizinho!

Ele sentiu vergonha de sua furiosa reação, mas voltou a explodir quando abriu a caixa e viu que ela estava vazia. Gritou:

— Você não sabe que, quando se dá um presente a alguém, coloca-se alguma coisa dentro da caixa?

A menininha olhou para cima com olhar triste, carinha de choro e disse:

— Mas, papai, não está vazia. Eu soprei beijinhos para você dentro dela. Está cheinha de beijinhos, papai.

O pai, emocionado, abraçou a filha e pediu a ela que lhe perdoasse.

Dizem que ele guardou a caixa dourada ao lado de sua cama por muitos anos e sempre que se sentia triste, chateado, abria a caixa e pegava um beijo imaginário, recordando o amor e o carinho que sua filha havia colocado ali.

Linda, não é?

É bom pensarmos bem antes de uma atitude precipitada e ver que muitas vezes recebemos uma caixinha dourada cheia de amor e de beijos de nossos pais, filhos, irmãos, amigos... e não percebemos – e o pior – muitas vezes até interpretamos mal.

Outra atitude positiva que esta mensagem também nos ensina é que, diante de um erro, a primeira atitude a ser tomada é a de sinceramente pedir perdão.

Olhe a sua volta e veja quantas caixinhas douradas você tem recebido!

A rosa na lapela

Esta é uma linda história de amor:

John Blanchard estava, um dia, em uma biblioteca da Flórida. Ao retirar um livro da estante, ficou intrigado com as anotações escritas à mão na margem do livro, que, com certeza, havia sido doado à biblioteca. A letra delicada indicava ser a de uma pessoa ponderada e sensível. Na primeira página do livro, ele descobriu o nome do proprietário anterior. Tratava-se da Srta. Hollis Maynell.

Depois de algum tempo e de várias tentativas, conseguiu localizar seu endereço. Ela morava em Nova Iorque.

Escreveu-lhe uma carta em que se apresentava e lhe sugeriu que trocassem correspondência. No dia seguinte, ele foi convocado para servir do outro lado do oceano, na Segunda Guerra Mundial.

Durante os 13 meses seguintes, os dois passaram a se conhecer por correspondência. Cada carta era uma semente caindo em coração fértil. Florescia um romance.

Blanchard pediu uma fotografia, mas a moça se recusou. Respondeu que, se ele realmente gostasse dela, não haveria necessidade de fotografia.

Quando, finalmente, ele retornou da Europa, marcaram o primeiro encontro, às 19 horas, na Grand Central Station de Nova Iorque. "Você me reconhecerá pela rosa que estarei usando na lapela", escreveu ela.

E às 19 horas Blanchard estava na estação à espera da moça, cujo coração ele amava, mas cujo rosto nunca vira.

Agora o próprio Blanchard narra o que aconteceu: "Meu coração disparou quando avistei, vindo em minha direção, uma linda jovem, elegante e meiga. Seus cabelos loiros encaracolados caíam nos ombros, os olhos eram azuis da cor do céu. Os lábios e o queixo tinham uma firmeza suave e sua figura em traje verde-claro se assemelhava à chegada da primavera. Comecei a caminhar em sua direção, sem absolutamente notar que ela não estava com a rosa na lapela. Quando me aproximei, um sorriso leve e provocante brotou dos lábios da moça que murmurou:

— Gostaria de me acompanhar, marujo?

De maneira quase incontrolável, dei um passo em sua direção, mas nesse momento avistei a Srta. Hollis Maynell. Ela estava em pé atrás da jovem, aparentava mais de 40 anos e seus cabelos, presos sob um chapéu surrado, deixavam entrever alguns fios brancos. Seu corpo era roliço, tornozelos grossos e usava sapatos de salto baixo. A moça de traje verde-claro estava distanciando-se rapidamente. Foi como se tivesse me dividido ao meio, desejando ardentemente seguir a jovem, mas ao mesmo tempo profundamente interessado em conhecer a mulher, cujo entusiasmo me acompanhara e sustentara por tanto tempo.

E lá estava ela. Seu rosto redondo e pálido estampava delicadeza e sensibilidade, os olhos cinzentos irradiavam meiguice e bondade. Sem hesitar, peguei o pequeno livro de capa de couro para me identificar. Não seria um caso de amor, pensei nesse momento, mas seria algo precioso, algo talvez melhor do que amor, uma amizade pela qual era e seria sempre grato.

Endireitei os ombros, cumprimentei-a e entreguei o livro à mulher, apesar de me sentir sufocado pela amargura de meu desapontamento, enquanto lhe dirigia a palavra.

— Sou o tenente John Blanchard, e você deve ser a Srta. Maynell. Estou satisfeito por ter vindo a meu encontro. Aceita um convite para jantar?

No rosto da mulher surgiu um sorriso largo e bondoso.

— Não sei do que se trata, filho, ela respondeu, mas a jovem de traje verde que acabou de passar por aqui me pediu para usar esta rosa na lapela. Falou também que se você me convidasse para jantar eu deveria dizer que ela está a sua espera no restaurante do outro lado da rua. Ela me contou que se tratava de uma espécie de "teste".

A pureza de sentimentos, a intenção de ver a beleza interior das pessoas, a honestidade, a integridade, a fidelidade e a sinceridade de coração de John Blanchard evitaram que ele perdesse o amor de sua vida!

E nós, como nos comportamos diante de algumas situações? Somos conduzidos pela aparência? Somos impulsionados pela reação imediata, sem pensar nas causas e nas consequências de nossos atos? Pense, se ele tivesse ido atrás da bela moça, o que teria acontecido? Talvez perdesse o amor de sua vida, ou não, mas com certeza nada poderia transmitir uma imagem tão íntegra como a do resultado do teste que ela lhe aplicou. Agora ela estava segura que tinha diante de si o melhor homem do mundo, fiel, honesto, íntegro. Essa situação também pode ser aplicada na relação com as pessoas de nossa vida familiar, social e profissional. Como estamos sendo em nosso trabalho? Somos fiéis e transmitimos uma imagem de integridade? Vale a pena pensar e tomar a atitude certa, cuidando bem do que vamos falar e de como vamos agir!

Somos donos somente das palavras que não falamos.

Felicidade conjugal

Uma união feliz é aquela em que o amor é tão grande, que o desejo de se casar com a pessoa amada tem uma só finalidade: a de fazer essa pessoa feliz. Esse deve ser o motivo que leva duas pessoas ao casamento. Mas se for o contrário, casar para ser feliz, sinto muito dizer, será um fracasso.

Sempre que encontro casais com vários anos de casamento vivendo felizes juntos, pergunto:

— Qual a receita para um casal viver unido, apaixonado e feliz por tanto tempo? As respostas mais comuns são:

• Companheirismo e *bom humor*.

• Trabalhar a relação de forma que ela seja única e pensar que será realmente por toda a vida.

• Presentear vez ou outra com uma flor, sem precisar ser data especial, mesmo colhida no jardim, faz do marido uma pessoa especial, e poucos maridos dão importância a este detalhe, porque o sentimento, o pensamento, os valores dos homens são diferentes dos pensamentos das mulheres.

• Não fazer aquela pergunta que fica sempre na ponta da língua quando o marido está no volante: Por que você veio por aqui, não foi por lá...? É sabedoria.

• Nunca corrigi-lo(a) ou ridicularizá-lo(a) na frente dos outros.

• Fazer da casa um cantinho gostoso, um refúgio onde a pessoa amada tenha prazer em voltar todos os dias.

• Nunca contrariar uma ordem do marido ou esposa diante dos filhos.

• Elogiar a pessoa amada, demonstrar que para você ela é especial. Não economizar elogios. É mais comum as mulheres darem mais importância a isso que os homens.

Moses Mendelssohn, célebre filósofo, avô do famoso compositor alemão Jakob Ludwig Felix Mendelssohn-Bartholdy, sabia como é importante para a mulher sentir-se bonita. Conta-se que ele estava longe de ser um homem bonito, muito pelo contrário, tinha pequena estatura e era dono de uma enorme corcunda. Certo dia, visitou um comerciante em Hamburgo, que tinha uma adorável filha chamada Frumtje. Moses Mendelssohn se apaixonou perdidamente por ela. Mas Frumtje, à primeira vista, sentiu uma verdadeira aversão pela aparência disforme de Moses.

Um dia, Moses reuniu coragem e buscou uma oportunidade para falar com a moça. Para Moses, ela era de uma beleza celestial, mas sua recusa em olhar para ele lhe causou profunda tristeza. Depois de tentar várias vezes conversar com ela, Moses perguntou timidamente:

— Você acredita que os casamentos são feitos no céu?

— Sim, respondeu ela, ainda olhando para o chão. E você?

— Sim, acredito, disse ele. Sabe, no céu, quando nasce um menino, Deus anuncia a menina que ele irá desposar. Quando eu nasci, Deus me avisou que me mostraria minha futura esposa e me alertou: sua esposa será corcunda. Aí, eu gritei: Oh, meu Deus, uma mulher corcunda seria uma tragédia! Por favor, Senhor, dê-me a corcunda e deixe-a ser bela.

Então, Frumtje olhou bem dentro de seus olhos e viu que naquele homem havia algum encanto. Ela estendeu sua mão a Mendelssohn e, passado algum tempo, tornou-se sua amada esposa.

Por isso, seja ávido no elogio e econômico na crítica!

• Abraçar, demonstrar carinho todos os dias e não deixar de dizer: "eu te amo" com gestos e palavras.

• Não descuidar da aparência pessoal. Quando se está namorando e o namorado chega, a moça corre a se olhar no espelho e a passar um batom, a ficar bonita para ele. E ele sempre aparece bonito e perfumado. Depois que se casam, muitas vezes o casal se acomoda e vem o relaxo.

Certa vez, escutei um namorado dizendo em tom de brincadeira para a namorada:

— Olhe lá, heim, meu bem! Eu não quero casar e dizer:

Eu casei com uma sereia, hoje chego a casa e encontro uma baleia. Ela sorriu ao ouvi-lo e disse:

— E comigo não é diferente amor, também não quero dizer: Casei com um pão e agora tenho em casa um canhão.

Os dois riram e se abraçaram com o compromisso de não deixar isso acontecer.

Quem ama se cuida para a pessoa amada, não por vaidade, mas por amor.

• O DIÁLOGO É FUNDAMENTAL. Há uma frase que diz: "Case-se com a pessoa com quem você gosta de conversar, pois quando envelhecer, a habilidade no conversar será mais importante que qualquer outra coisa". Nos momentos de discordância, fechar a cara e calar-se não resolve a situação, só piora. Muitos casamentos definham por falta de diálogo e muitos estão seguindo felizes ao longo dos anos, exatamente porque ele nunca faltou.

A ansiedade era grande pela chegada de Aline, afinal foram cinco anos de espera, até que Líliam ficou grávida. Mas sem saber o porquê, Líliam não conseguia conter um choro que brotava a todo instante. Desde que a criança nascera, um sentimento estranho nasceu também dentro dela, uma sensação de incapacidade, o corte da cesária doía, seus seios estavam inchados, doíam muito e Líliam chorava.

Depois de sete dias ajudando a esposa, Mário teve de voltar para o trabalho. Ele percebia algo diferente nela, mas não sabia definir o que era. Naquele dia, quando Mário voltou para casa, foi direto para o quarto do bebê. Pegou a criança e, enquanto brincava alegremente com sua linda garotinha, Líliam entra no quarto devagar gemendo de dor e reclamando:

— Você não liga mais para mim. Esperei o dia inteiro por seu telefonema, pois eu precisava de sua ajuda e você nem ligou, estou morrendo de dor, preciso de você e você nem se preocupa comigo... e assim continuou...

Mário não entendia que mal havia feito ele para ela estar daquele jeito? Ele tentava justificar-se, mas já estava nervoso, nunca fora de muitas palavras. Em qualquer discussão, ele falava pouco, pegava o rumo da porta e saía, voltando horas depois calado, e por dias ficava assim. Isso só melhorou com a gravidez de Líliam. Durante os nove meses, esse incidente não ocorreu e agora, por pouco, ele estava para estourar. Exaltou-se enquanto ela pegou a criança chorando dos braços dele. Quando chegaram ao limite, Mário saiu do quarto e se dirigiu para a porta da rua. Líliam grita para que ele não saia. Devagar, ela vai até ele e pede:

— Por favor, Mário, me escute, eu preciso de você. Por favor, não me deixe agora, eu estou muito mal, me ajude, não tenho dormido, tenho muitas dores, estou angustiada, por favor, me ajude, é o momento em que eu mais preciso de você.

Mário olhou para sua esposa e só então viu que ela não estava nada bem. Pensou: "Que homem sou eu, que só sei ser companheiro nos momentos bons? Todo o tempo que ela estava bem eu fui amigo, estava por perto e vi o quanto a amo, agora que ela mais precisa de mim o que estou fazendo?" Aproxima-se da esposa e a abraça enquanto ela chora. Mário entende o que é o verdadeiro amor. Um sentimento bom nasce dentro dele, muito diferente do que sentia antes, quando diante de uma discussão simplesmente saía batendo a porta. Uma vontade de pegar Líliam no colo e acalmá-la como uma criança e vê-la sorrir novamente. Ela não estava bem e precisava dele. Mário a coloca no sofá da sala, com cuidado, e telefona para a médica, pedindo ajuda, explicando o que estava acontecendo. A médica explica que Líliam está com depressão pós-parto, que ele precisa ter paciência, não a deixar sozinha e que pela manhã fossem ao consultório que tudo ficaria bem.

Naquela noite, Mário abraçou Líliam por um longo tempo, de mãos dadas rezaram. Novamente, Mário voltou a abraçar Líliam, ficaram assim até Mário ver Líliam adormecer em seus braços. Depois, virou-se para o lado e viu, no bercinho ao lado da cama, sua filhinha. Ficou alguns instantes olhando aquele bebê que dormia docemente. Lágrimas caíram de seus olhos, voltou a olhar para a esposa que dormia a seu lado, beijou-lhe com carinho o rosto, agradeceu a Deus e se sentiu muito feliz por ter ficado ali e não ter saído por aquela porta!

Por maior que seja o amor, ele é incapaz de sobreviver se o casal não souber dialogar nos momentos difíceis. Entender as diferenças um do outro, não só físicas, mas também emocionais.

"Vera e Tim, nunca deixem o sol nascer com vocês brigados um com o outro. Ao contrário, sempre conversem, sempre se entendam, pois, quando um casal dorme brigado, cada um vira para um lado, afastando-se, deixando um vazio no meio. Aí está o lugar para o inimigo se deitar. Tenham o hábito de rezar juntos, todas as noites, e vocês verão as bênçãos de Deus em suas vidas."

Este foi o sábio conselho que recebemos do Padre Tobias, durante a confissão, quando eu e o Tim estávamos noivos, um dia antes de nosso casamento. E assim fizemos desde o primeiro dia de casados. Todas as noites, antes de dormir, nós rezamos juntos.

"Mesmo em cólera, não pequeis. Não se ponha o sol sobre vosso ressentimento. Não deis lugar ao demônio" (Ef 4,26-27).

"Se dois de vós se unirem sobre a terra para pedir qualquer coisa, seja o que for, hão de consegui-lo de meu Pai que está nos céus. Porque onde dois ou três estão reunidos em meu nome, aí estou eu no meio deles" (Mt 18,19-20).

Então, por que perder essa oportunidade de orar a dois, e ainda mais com quem você ama? E depois, quando vêm os filhos, a oração em família, quão valiosa ela é.

Uma lição de amor

Um famoso professor se encontrou com um grupo de jovens que falavam contra o casamento.

Os rapazes argumentavam que o que mantém um casal é

o romantismo e que é preferível acabar com a relação quando este se apaga, em vez de se submeter à triste monotonia do matrimônio.

O mestre disse que respeitava sua opinião, mas gostaria de contar-lhes sua história:

— Meus pais viveram 55 anos casados. Uma manhã, minha mãe descia as escadas para preparar o desjejum para meu pai e sofreu um infarto. Caiu escada abaixo. Meu pai correu até ela, levantou-a como pôde e, quase se arrastando, levou-a até a camionete. Sem respeitar o trânsito, dirigiu a toda velocidade até o hospital. Quando chegou, infelizmente, ela já havia falecido. Durante o enterro, meu pai não falou, ficava olhando para o nada. Quase não chorou. No dia seguinte, eu e meus irmãos ficamos a sua volta, num ambiente de dor e nostalgia. Em certo momento, meu pai pediu:

— Leve-me ao cemitério.

— Mas, pai, respondemos, são 11 horas da noite! Não podemos ir ao cemitério a esta hora!

Aí ele ergueu a voz energicamente, tomada de emoção e angústia, dizendo:

— Por favor, não discutam com um homem que acaba de perder aquela que foi sua esposa por 55 anos.

Houve um momento de respeitoso silêncio. Não discutimos mais e fomos ao cemitério. Pedimos permissão ao zelador e, com uma lanterna, encontramos a lápide do túmulo de minha mãe. Meu pai a acariciou e por fim chorou, um choro enroscado que pedia para sair do coração. Sentia uma dor no peito que o feria como uma lança e nós, seus filhos, comovidos ouvimos:

— Foram 55 bons anos. Ninguém pode falar do amor verdadeiro se não tem ideia do que é compartilhar a vida com uma mulher assim.

Fez uma pausa e enxugou as lágrimas.

— Ela e eu estivemos juntos naquela crise em que perdemos tudo. Mudei de emprego, vendemos a casa e mudamos de cidade. Compartilhamos a alegria de ver nossos filhos conquistarem suas carreiras, choramos um ao lado do outro quando entes queridos partiram, rezamos juntos na sala de espera de alguns hospitais, nos apoiamos na hora da dor, nos abraçamos em cada Natal.

Fez mais uma pausa, enxugou as lágrimas e continuou.

— Meus filhos! Agora ela se foi e o que me conforta, sabem o que é? Ela ter ido antes de mim, não ter de viver a agonia e a dor de me enterrar, de ficar só depois de minha partida. Sou eu quem estou passando por isso. Eu a amo tanto que não gostaria que sofresse assim.

Quando meu pai terminou de falar, meus irmãos e eu estávamos chorando, a dor era tão profunda em nossos corações que parecia que ela nunca teria fim. Nós o abraçamos e agora ele é que nos consolava:

— Está tudo bem, meus filhos. Podemos ir para casa, este foi um bom dia.

Naquela noite, entendi o que é o verdadeiro amor, muito além do romantismo, sem muito a ver com erotismo, mas com trabalho, cuidado e carinho entre duas pessoas realmente comprometidas.

O telefonema

Certa ocasião, recebi uma ligação telefônica de um homem com 45 anos, segundo ele de boa aparência, muito bem estabilizado financeiramente, mas terrivelmente atormentado por um vício adquirido há algum tempo: frequentar casas de massagens e trair sua esposa. Depois de ouvir minhas músicas e mensagens em uma rádio de sua cidade, conseguiu entrar em contato comigo em busca de ajuda e de uma palavra amiga. Ele queria mudar de vida, mas não sabia como. A resposta estava tão próxima, mas ele não a via. Conversamos sobre os valores da família, ele tinha duas filhas moças, lembrei-lhe que elas tinham a mesma idade das moças com quem saía... Enfim, foi uma longa conversa, aconselhei-o também que procurasse um padre para uma boa confissão, oração, e que cultivasse em seu coração um profundo sentimento de mudar de vida, e isso só dependia dele. Era ele e mais ninguém quem poderia tomar essa decisão e atitude. Cultivar o amor por sua esposa, ver suas qualidades, ter um compromisso diante de Deus, uma missão pessoal muito além de uma busca egocêntrica da felicidade, mas muito mais gratificante, intensa, emocionante que é a de levar felicidade a outras pessoas, começando por sua família.

Depois de alguns meses recebi outra ligação. Era ele, mas seu modo de falar parecia o de outro homem.

— Vera Lúcia, lembra-se de mim? Sou o homem que lhe telefonou meses atrás com problemas conjugais?

— Sim, como o senhor está?

— Muito bem, estou ligando para agradecer. As coisas que você me disse tocaram meu coração. Agora mudei completamente, procurei um padre, achei que seria expulso da igreja, mas, como você falou, ele me acolheu. Fiz o ECC (Encontro de Casais com Cristo), estou feliz com minha esposa e só com minha esposa. Você disse que eu conseguiria, mas dependeria de uma atitude, e decidi mudar. Obrigado por suas palavras!

Conversarmos mais um pouco e nos despedimos, ficando do outro lado um homem realizado e feliz, bem diferente da pessoa atormentada que escutei na primeira ligação.

Por que depois de uma conversa franca, honesta, ele mudou?

Com certeza, a razão da mudança foi a vontade e a atitude de mudar de vida, um coração aberto por ter visto que daquela forma nunca conseguiria ser feliz!

A força do amor

Os passageiros do ônibus olhavam com compaixão a jovem mulher com uma bengala branca, tateando o chão, cuidando dos degraus que subia...

Ela pagou a passagem e com suas mãos localizou o assento vazio, orientada pelo motorista. Sentou-se, colocando a pasta no colo e descansou a bengala ao lado da perna.

Fazia um ano que Elaine, 34 anos, havia ficado cega por causa de uma doença nos olhos. Perdeu a visão e foi lançada repentinamente em um mundo de escuridão, frustração e pena de si mesma.

Antes da doença, Elaine era uma mulher independente, bonita e alegre. Agora, estava condenada por essa tragédia do destino a se tornar um fardo impotente e frágil.

Inconformada com sua situação, vivia perguntando-se: "Como pode isso ter acontecido comigo?"

Sem encontrar explicação para sua dor, tudo o que ela tinha para se agarrar era seu marido, Márcio, um oficial militar que a amava de todo o coração.

Quando ela perdeu a visão, sentindo o desespero da esposa, ele determinou-se a ajudá-la a recuperar a força e a confiança de que ela precisava para se tornar independente novamente. Márcio sabia que aquela seria a mais difícil missão que ele teria de enfrentar, mas tudo faria para vê-la feliz novamente.

Elaine, depois de algum tempo, sentiu-se preparada para retornar a seu trabalho, mas, como fazer para chegar até lá? Ela costumava pegar o ônibus, mas agora estava muito amedrontada para andar pela cidade sozinha.

Márcio ofereceu-se para levá-la de carro diariamente, embora eles morassem no lado oposto da cidade.

No princípio, Elaine sentiu-se confortada e isso satisfez a necessidade que Márcio sentia de ajudar sua esposa. Logo, no entanto, Márcio percebeu que isso não estava funcionando, além de conturbar o horário, ainda estava saindo caro e não a deixava mais segura.

Ele admitiu a si mesmo que Elaine teria de começar a tomar o ônibus novamente. No entanto, apenas o fato de ter de mencionar isso a ela fez com que ele se sentisse incomodado. Ela ainda se sentia muito fragilizada. Como reagiria?

Como Márcio previra, Elaine ficou horrorizada com a ideia de ter de tomar o ônibus sozinha.

— Eu estou cega. Como posso saber para onde estarei indo? Parece que você está me abandonando... falou amargamente entre lágrimas.

O coração de Márcio quebrou-se ao ouvir essas palavras, mas ele sabia o que deveria ser feito. Prometeu a ela que a cada manhã e a cada noite ele a acompanharia até o ponto de ônibus e a esperaria, até que ela se sentisse capaz de fazê-lo por si mesma.

E foi exatamente isso o que aconteceu. Durante duas semanas, Márcio acompanhou Elaine. Ele ensinou-lhe como confiar em seus outros sentidos, especialmente na audição, para determinar onde ela estava e como se adaptar a seu novo ambiente. Ele a ajudou a ser amiga do motorista do ônibus, que poderia ajudá-la a encontrar um assento. Ele a fez rir, mesmo naqueles dias difíceis, quando ela tropeçava nos degraus do ônibus ou derrubava sua pasta.

Todos os dias, eles faziam o mesmo caminho juntos e Márcio pegava um táxi de volta para seu trabalho. Embora essa rotina fosse mais cara e cansativa que a anterior, Márcio sabia que era apenas uma questão de tempo até que ela pudesse pegar o ônibus por si só. Ele acreditava nela, na Elaine corajosa.

Finalmente, Elaine decidiu que estava pronta para experimentar a viagem sozinha. Ela abraçou Márcio, seu guia de ônibus, seu marido e melhor amigo. Seus olhos estavam molhados de gratidão, paciência, lealdade e amor que ele lhe devotava.

Ela disse "tchau" e, pela primeira, vez seguiram caminhos separados. Segunda-feira, terça-feira, quarta-feira, quinta-feira, a cada dia ela pegava o ônibus sozinha e sentia-se muito bem. Na sexta-feira pela manhã, Elaine pegou o ônibus como normalmente havia feito desde o início da semana. Enquanto estava pagando a passagem, o motorista lhe disse:

— Eu realmente a invejo...

Elaine não tinha certeza se o motorista havia falado com ela. Afinal de contas, quem, em sã consciência, teria inveja de uma mulher cega, que durante o último ano estivera lutando para encontrar coragem para viver?
Curiosa, perguntou ao motorista:
— Por que diz que me inveja?
O motorista lhe respondeu:
— Deve ser muito bom ser tão cuidada e protegida como você é!
Elaine não tinha ideia sobre o que ele estava falando e perguntou:
— O que o senhor quer dizer com isso?
O motorista respondeu:
— A senhora sabe... todas as manhãs dessa última semana, um bonito cavalheiro, num uniforme militar, tem lhe observado enquanto a senhora sai do ônibus. Ele se assegura de que a senhora atravessa a rua de forma segura e de que entra naquele prédio comercial. Então, ele lhe lança um beijo, faz um aceno discreto e vai embora. A senhora é uma pessoa abençoada...
A felicidade toma conta de Elaine, pois ela não podia vê-lo, mas sempre sentia a presença de Márcio. Ela era realmente uma pessoa abençoada, pois ele lhe havia dado um presente muito mais poderoso que a visão, um presente que ela não precisava ver para acreditar, o presente do amor que pode trazer a luz a qualquer lugar onde haja escuridão.

O valor da atenção

Sra. Thompson, em seu primeiro dia de aula, parou em frente a seus alunos do 4º ano do ensino fundamental e lhes disse que gostava de todos por igual. No entanto, ela sabia que isso era quase impossível, já que na primeira fila estava sentado um pequeno garoto chamado Teddy. A professora já havia observado que ele não se dava bem com os colegas de classe e que suas roupas estavam sujas e cheiravam mal. Com o decorrer do tempo, houve até momentos em que ela sentia prazer em lhe dar notas vermelhas, ao corrigir suas provas e trabalhos.

Cada aluno tinha uma ficha escolar com anotações feitas a cada ano pelas professoras anteriores e a Sra. Thompson deixou a ficha de Teddy para ser lida por último. Quando a leu, foi grande sua surpresa. A professora do 1º ano escolar de Teddy havia anotado o seguinte: "Teddy é um menino brilhante e simpático. Seus trabalhos sempre estão em ordem e muito nítidos. Tem bons modos e é muito agradável estar perto dele". A professora do 2º ano escreveu: "Teddy é um aluno excelente e muito querido por seus colegas, mas tem estado preocupado com sua mãe, que está com uma doença grave e desenganada pelos médicos". Da professora do 3º ano constava a anotação seguinte: "A morte de sua mãe foi um golpe muito duro para Teddy. Ele procura fazer o melhor, mas seu pai não tem nenhum interesse e logo sua vida será prejudicada, se ninguém tomar providências para ajudá-lo". A professora do 4º ano escreveu: "Teddy anda muito distraído e não mostra interesse algum pelos estudos. Tem poucos amigos e, muitas vezes, dorme em sala de aula".

A Sra. Thompson se deu conta do problema e ficou terrivelmente envergonhada. Sentiu-se ainda pior quando se lembrou dos presentes de Natal que os alunos lhe haviam dado, envoltos em papéis coloridos, exceto o de Teddy, que estava enrolado num papel marrom de supermercado. Lembra-se de que abriu o pacote com tristeza, enquanto os outros garotos riam ao ver uma pulseira faltando algumas pedras e um vidro de perfume pela metade. Apesar das piadas, ela disse que o presente era precioso e pôs a pulseira no braço e um pouco de perfume sobre a mão. Naquele dia, Teddy ficou um pouco mais de tempo na escola do que o de costume. Lembrou-se, ainda, que Teddy lhe disse que ela estava cheirosa como sua mãe. Naquele dia, depois que todos se foram, a Sra. Thompson chorou por longo tempo... Em seguida, decidiu mudar sua maneira de ensinar e passou a dar mais atenção a seus alunos, especialmente a Teddy. Com o passar do tempo, ela notou que o garoto só melhorava. E quanto mais ela lhe dava carinho e atenção, mais ele se animava.

Ao finalizar o ano letivo, Teddy saiu-se como o melhor da classe. Um ano mais tarde, a Sra. Thompson recebeu uma notícia de que Teddy lhe dizia que ela era a melhor professora que teve na vida. Seis anos depois, recebeu outra carta de Teddy, contando que havia concluído o segundo grau e que ela continuava sendo a melhor professora que tivera. As notícias se repetiram, até que um dia ela recebeu uma carta assinada pelo Dr. Theodore Stoddard, seu antigo aluno, mais conhecido como Teddy. Um dia a Sra. Thompson recebeu outra carta, em que Teddy a convidava para seu casamento. Ela aceitou o convite e no dia do casamento estava usando a pulseira que ganhou de Teddy anos antes e também o perfume. Quando os dois se encontraram, abraçaram-se por longo tempo e Teddy lhe disse ao ouvido:

— Obrigado por acreditar em mim e me fazer sentir importante, demonstrando-me que posso fazer a diferença.

Mas ela, com os olhos banhados em lágrimas, sussurrou baixinho:

— Você está enganado! Foi você que me ensinou que eu podia fazer a diferença, afinal eu não sabia ensinar até que o conheci.

Carinho e atenção às pessoas que nos rodeiam nunca são demais. O mundo melhora quando nós melhoramos. Como é importante darmos atenção às pessoas que amamos ou que estão a nosso lado. Quando deixamos de olhar só para nós mesmos, encontramos o caminho para ser feliz, como conta essa história: quando a Sra. Thompson colaborou para o crescimento de seu aluno, foi ela quem mais cresceu. Pense nisso, olhe a seu redor e verá que há alguém precisando de sua palavra amiga!

Uma história de amor – Madre Teresa de Calcutá

Fundadora da Ordem das Missionárias da Caridade, que oferece assistência a pobres, cegos, leprosos, aleijados e moribundos.

O trabalho de Madre Teresa, apesar dos desafios enfrentados, e foram muitos, foi estendendo-se além de Calcutá. Em 1979, em Salvador-Bahia, na favela de alagados, foi fundada a primeira casa brasileira da congregação e, nessa ocasião, Madre Teresa esteve pela primeira vez no Brasil. No final de 1990, a congregação contava com mais de 4.000 freiras e centenas de casas de caridade espalhadas pelo mundo todo.

Certa vez, um jornalista foi visitar a casa onde Madre Teresa cuidava dos doentes. Ficou observando a dedicação, o cuidado e o carinho da irmã para com todos. Depois de algum tempo, ele chegou perto de Madre Teresa, enquanto ela fazia um curativo em um homem muito enfermo, e disse:

— Irmã, eu não faria isso por dinheiro nenhum desse mundo.

Ela olhou para ele e falou:

— Eu também não.

Em 1979 Madre Teresa recebeu o Prêmio Nobel da Paz. Ela nos deu um dos mais lindos exemplos de bondade e de amor ao próximo.

Conta-se que um fato marcou profundamente a vida de Madre Teresa e resultou em sua determinação em dar assistência aos pobres.

Certa vez, Madre Teresa estava passando por uma rua quando ouve um gemido de dor vindo de algum lugar perto dali; aquele som entra em seus ouvidos, fazendo-a parar; procura de onde vem o choro e avista uma mulher doente, caída no chão, gemendo e sem forças para se defender, sendo comida por ratos.

A irmãzinha, com todas as suas forças, consegue levar a pobre mulher ao hospital mais próximo que encontra. Chegando lá, tenta interná-la e clama por atendimento médico à pobre. Mas recebe um não. Na atual situação do país, a política do hospital era de só atender pacientes que tinham chances de sobreviver, os remédios estavam escassos, e aquela mulher já estava em fase terminal.

Madre Teresa, sem saber o que fazer, coloca a mulher sobre seu colo e chora, acariciando os cabelos da pobre. A mulher, com um fiapo de forças, abre os olhos e se vê no colo de Madre Teresa que chorava. Lágrimas caem daqueles olhos sofridos e, com dificuldade, com suas poucas forças, fala à irmã:

— Não chore, pois estou feliz, nunca em minha vida senti o amor e o carinho que estou recebendo de você, nunca... Olha para o crucifixo que está na roupa de Madre Teresa e continua: Este deve ser teu Deus, não é? Só hoje eu o conheci e, agora, eu quero estar junto dele.

"O fruto do silêncio é a oração.
O fruto da oração é a fé.
O fruto da fé é o amor.
O fruto do amor é a assistência aos demais."

Madre Teresa de Calcutá

Amor ao próximo: a caridade

Uma família passava as férias na praia. As crianças tomavam banho de mar e faziam castelos de areia, quando avistaram uma velhinha de cabelos bem branquinhos, roupas esfarrapadas, resmungando muito enquanto apanhava coisas da areia e as colocava num saco plástico. Os pais, vendo a velha aproximar-se das crianças, correram para protegê-las, levando-as para longe da desconhecida e proibindo-as de se aproximarem dela. Quando ela passou perto deles, sorriu e disse:

— Bom dia.

Mas o cumprimento não foi correspondido. Ao contrário, fizeram como se não tivessem ouvido nem visto ninguém, e ela continuou seu caminho. Vez ou outra, abaixava-se, catando coisas do chão. Mais tarde, conversando com um menino que vendia sorvete na praia, a família ficou sabendo que a velhinha dedicava sua vida a uma missão muito importante: recolher caquinhos de vidros na praia para que as crianças não cortassem os pés.

Grande oportunidade esses pais perderam de demonstrar uma lição de fraternidade e de amor a seus filhos, não é?

E nós? Será que sabemos aproveitar essas oportunidades para crescer um pouco e ajudar quem precisa? Ou viramos as costas, ignorando o sofrimento de um irmão. Se não somos capazes de fazer, será que animamos, confortamos, perdoamos como devíamos?

Esta história nos dá muitos temas para reflexão: a educação, a ajuda ao próximo, o apoio, o compromisso, a missão pessoal, o não julgar pela aparência e sermos como essa humilde velhinha, por mais simples que seja nossa missão, que seja para contribuir para a felicidade e para a paz das pessoas a nosso redor!

Em um país abençoado por Deus, com tantas riquezas e belezas naturais, é triste vermos tantas pessoas passando fome, frio; crianças desnutridas, sem escola e trabalhando prematuramente.

Em um país abençoado por Deus, vemos também muita gente unida em favor dos mais carentes; um povo solidário e irmão. O brasileiro é assim.

Mas em um país abençoado por Deus, vemos os altos salários dos políticos, as notícias cada vez mais frequentes de desvio de bilhões de dinheiro público e ficamos na inércia, sem saber o que fazer. Dinheiro de merendas escolares sendo desviado, superfaturamento de medicamentos... E o que fazer para ajudar as crianças que, nas madrugadas, saem de casa para trabalhar a troco de míseros centavos, só para

comprar o pão daquele dia? Sem escola, sem sandália, sem força, sem amor...
 O que fazer?
 O que fazer para chamar a atenção dos poderosos, que investem milhões em campanhas políticas para se elegerem; que prometem acabar com a fome, com a miséria de um povo de um país tão rico, mas depois, como numa crise de amnésia, nada fazem. E o povo mais uma vez é esquecido.

 O que fazer?
Sim, que cada um faça sua parte
E esqueça as promessas tantas vezes já esquecidas,
Que os Vicentinos continuem levando o pão
A quem conseguem levar.
Que o povo continue comprando bingo
Para o asilo ajudar,
Pois sem recursos, sem dinheiro,
Está a ponto de fechar!

Que as igrejas continuem fazendo festas
Para alimentos arrecadar,
Pois os voluntários nunca faltam
E alegres vêm ajudar!

Que as pastorais da saúde, da criança, do idoso...
Continuem nos ensinando o que é trabalhar de coração.
Que as associações de pais e professores, Rotary Club,
Lions Club, UNICEF, Criança Esperança, Teleton...
Continuem nos dando lições de fraternidade,
Mostrando que, com união, amor e vontade,
No Brasil, sim, existe solidariedade!

 Mas o que fazer se ainda há tantos necessitados?
 Uma coisa eu sei, a pobreza sempre existiu e não vai acabar de vez, mas se houver comprometimento, empenho, dedicação, a vida pode melhorar e falar em igualdade não será mais utopia; mas precisa ser de coração,

com paixão e vontade de olhar para essa gente sofrida que clama por atenção!

O que fazer? O que fazer então?

Eu me lembrei da natureza! Nosso país é abençoado por Deus, assim também são nosso povo, nossa terra! Como é importante a ecologia, o ecossistema, a proteção ao meio ambiente, pois sem a preservação da natureza não chegaremos a lugar algum, não haverá vida na terra. As matas estão sendo devastadas, a água potável está acabando... é importante a preservação da natureza, não há dúvida disso! E quanto aos animais, medidas cautelosas de preservação das espécies estão sendo tomadas, isso tudo é certo.

Faço uma reflexão: outro dia vi pela TV a notícia de uma baleia encalhada na praia. Todas as medidas possíveis para salvá-la foram tomadas. Uma equipe inteira dos direitos dos animais e técnicos vindo de longe estavam ali, tudo sendo transmitido no jornal em horário nobre. As pessoas ficaram ali em vigília até o desfecho do caso. Infelizmente, a baleia não sobreviveu e as pessoas choraram. Quanta determinação para salvar aquela baleia, e ESTÁ CORRETO, DEVE SER ASSIM MESMO! Mas, quantas pessoas, diariamente, morrem nas ruas de nossas cidades, de fome, de frio? O mesmo empenho é feito por elas?

A lei é clara quanto a matar um animal em extinção, é crime inafiançável e ESTÁ CERTO!

Mas eu pergunto: o que fazer diante da impunidade que vemos contra seres humanos?

Com uma lei vigente que propicia ao bandido, ao criminoso, estar nas ruas e obriga as pessoas de bem a ficarem presas em suas casas?

O que fazer diante de notícias de desvio de tantas verbas públicas que alimentariam e salvariam tantas vidas?

O que fazer?

Então, eu pensei, vamos fazer uma campanha ecológica e vamos juntar a ela esse povo sofrido que passa fome, frio... Vamos pintar de verde as crianças, vamos pintar de verde os velhinhos, vamos pintar de verde os excluídos que vagam pelas ruas sem teto e sem pão, vamos pintar de verde, com o verde da natureza! Quem sabe assim criem uma lei, uma lei municipal, estadual, federal, internacional que faça com que nenhuma criança passe fome, que nenhuma criança falte à escola, que nenhuma criança tenha de trabalhar para se sustentar. Começando pelo município, depois pelo estado e pelo país! Que venham técnicos de toda a parte empenhados em salvar mais uma vida humana, resgatá-la e integrá-la à sociedade. Quem sabe assim ainda reste uma esperança, ou melhor, vamos pintar de verde também a esperança!

As estrelas-do-mar

Um escritor, que morava numa praia tranquila junto a uma colônia de pescadores, todas as manhãs passeava à beira-mar para se inspirar e à tarde ficava em casa escrevendo.

Um dia, caminhando na praia, ele viu uma pessoa que parecia dançar. Quando chegou perto, viu que era um jovem pegando na areia as estrelas-do-mar, uma por uma, e as jogando de volta ao oceano.

Chegou perto e perguntou:

— Por que você está fazendo isso?

— Você não vê? Disse o jovem. A maré está baixa e o sol está brilhando, elas vão secar ao sol e morrer se ficarem aqui na areia.

O escritor riu e disse ao jovem:

— Meu jovem, existem milhares de quilômetros de praias por este mundo afora e centenas de milhares de estrelas-do--mar espalhadas pelas praias. Que diferença faz? Você joga umas poucas de volta ao oceano e a maioria vai perecer de qualquer forma.

O jovem pegou mais uma estrela na areia, jogou de volta ao oceano, olhou para o escritor e disse:

— Mas para a vida dessa estrelinha, eu fiz a diferença!!

Naquela noite, o escritor não conseguiu dormir, nem escrever. Na manhã seguinte, foi para a praia, reuniu-se ao jovem e, juntos, salvaram mais estrelinhas, jogando-as de volta ao mar.

Podemos fazer deste universo um lugar melhor para vivermos. Fazendo cada um sua parte, fazendo cada um a diferença!!

Pintar de verde

Não tenho casa pra morar
Nem forças para trabalhar
Família pra sustentar
Meu lar, meu lar.

Moramos em um país
Abençoado por Deus.
Mas o povo que passa fome
Sem assistência se consome
Se consome.

Eu me lembrei da natureza
Pois dou valor e com certeza
Preciosa ela é, sem ela não existe vida.
Quem sabe a moda ecológica
Penso que para despertar
E atrair do poder o olhar
Um pouco mais pros miseráveis
Uma ideia pode ser:

Como verde da natureza
Pintar de verde as crianças
Pintar de verde os velhinhos
Como o verde da natureza.
Talvez assim ainda reste
Um pouco mais de esperança
E mais sorriso nas crianças
Nos filhos dos necessitados.

Vamos pintar de verde...
Vamos pintar de verde as crianças.
Vamos pintar de verde...
Vamos pintar de verde a esperança.

Vera Lúcia – Edição Especial

V Parte – Final

O dinheiro

Ele pode comprar uma casa, mas não um lar.
Ele pode comprar uma cama, mas não o sono.
Ele pode comprar um relógio, mas não o tempo.
Ele pode comprar um livro, mas não o conhecimento.
Ele pode comprar um título, mas não o respeito.
Ele pode comprar um médico, mas não a saúde.
Ele pode comprar o sangue, mas não a vida.
Ele pode comprar o sexo, mas não o amor.

História de Ali Hafed

Uma das dificuldades do ser humano em encontrar a felicidade é por pensar que ela só é encontrada nas coisas grandiosas, nos aplausos das multidões, em ser rico e famoso; não vê que ela também está na simplicidade do dia a dia, no convívio, no afeto, no amor, na amizade, na doação. Correr atrás de nossos sonhos e ideais é importante, mas veja que muitas vezes o que buscamos está perto de nós, mas não enxergamos. É como a história de Ali Hafed, uma história real.

Ali Hafed vivia no Irã, criava carneiros, camelos, possuía uma rendosa fazenda, tinha sua família e era feliz assim, pois se considerava um homem rico. Até o dia em que um sacerdote o visitou e começou a falar em diamantes como sendo as coisas mais lindas do mundo. Nesse momento, Ali Hafed começou a achar que o que ele tinha era pouco perto das maravilhas que os diamantes poderiam oferecer e quis saber onde encontrá-los, como possuí-los. Então, o sacerdote respondeu:

— Em qualquer lugar do mundo é possível encontrá-los. Eles estão em riachos de águas transparentes, areias claras, em região montanhosa.

Na esperança de encontrar os sonhados diamantes, Ali Hafed decidiu vender o que tinha, confiar a esposa e os filhos aos cuidados de um vizinho e partir em busca dos diamantes. Viajou pela Palestina, pela Espanha, indo aonde podia em busca de areias brancas, de montanhas, de riachos de águas cristalinas. Encontrou tudo isso, menos os sonhados diamantes. Com o passar dos anos, viu-se enfraquecido, sozinho e sem recursos. Tomado por profunda depressão, lançou-se ao mar e morreu.

Entretanto, o homem que adquirira a fazenda de Ali Hafed encontrou uma curiosa pedra negra, enquanto seu camelo saciava a sede no riacho da fazenda. Levou-a para casa, colocou-a como ornamento sobre a lareira e esqueceu-se dela.

Um dia, voltou o sacerdote em visita a essa casa e, olhando acidentalmente para a pedra negra sobre a lareira, não podia acreditar no que estava diante de seus olhos. Disse ao hospedeiro:

— Um diamante! Onde o achou?

— Diamante? Questiona o fazendeiro. Encontrei-o nas areias do riacho de águas claras, onde costumo levar meu camelo para saciar a sede.

Correram em disparada para o local, o mais que suas pernas podiam, apressadamente, cavaram e acharam mais diamantes! Muitos deles!

Esse achado se transformou na Mina de Diamantes Golconda, a maior mina do mundo! É a mina de onde veio o diamante Koh-i-Noor, que faz parte das joias da coroa da Inglaterra, de onde veio também o diamante Orloff, que faz parte das joias da coroa da Rússia.

Esta história se tornou famosa através do livro: Acres de Diamantes, de Russell Comwell.

Muitas pessoas se comportam como Ali Hafed, insatisfeitas com tudo, pensando que só os outros é que têm o melhor e que as melhores oportunidades sempre estão muito distantes, longe de seus olhos, em outra cidade, em outra empresa, sempre em outro lugar. Esta história nos mostra que os diamantes estavam ali, muito próximos de Ali Hafed, mas ele não os vira, consumira sua vida desafortunadamente numa busca inútil. É como a pessoa que está em uma empresa, mas pensa que a outra é sempre melhor do que a que ela está. No entanto, em todas existem oportunidades e desafios, o que se precisa é buscar os diamantes que estão no próprio quintal. Como as pessoas que enxergam as oportunidades em suas vidas, valorizando o que têm à mão. Trabalhando e vivendo com amor e entusiasmo, acreditando em seu produto, em seu trabalho, em sua cidade, em seu potencial, direcionando seus objetivos, buscando sua melhor performance, facilitando desse modo o crescimento, o desenvolvimento e o equilíbrio pessoal e profissional.

"O que mais desejamos, muitas vezes, está bem debaixo de nossos olhos, mas não enxergamos."

O verdadeiro valor

Um dia o poeta Olavo Bilac estava caminhando pela rua quando encontrou um amigo que lhe pediu:
— Sr. Bilac, estou precisando vender meu sítio, que o senhor tão bem conhece. Será que o senhor poderia redigir um anúncio para o jornal?
Olavo Bilac apanhou o papel e escreveu: "Vende-se encantadora propriedade, onde cantam os pássaros ao amanhecer no extenso arvoredo. Cortada por cristalinas e mareantes

águas de um ribeirão. A casa banhada pelo sol nascente oferece a sombra tranquila das tardes na varanda".

Meses depois, encontra o poeta com o homem novamente e pergunta-lhe se havia vendido o sítio.

— De jeito nenhum! Disse o homem. Quando li o anúncio que o senhor fez para colocar no jornal é que percebi a maravilha que tinha!

Às vezes, não descobrimos as coisas boas que temos tão perto, não cuidamos delas como merecem e acabamos indo atrás de coisas tão longe, sem perceber que o melhor está em nossas próprias mãos.

A história de Jacó também nos dá um bom exemplo e nos ensina a valorizar o que temos.

Todos os dias, Jacó não fazia outra coisa senão se queixar de sua sorte. Blasfemava contra a vida que o obrigava a viver naquela torturante e interminável penúria. Reclamava que sua casa era pequena e incômoda, dizendo que não acomodava bem sua família.

Um dia chegou na cidade um sábio e Jacó resolveu aconselhar-se com ele. Fez todos os seus desabafos ao sábio:

— Moro em uma casa pequena, feia, vivo numa triste rotina de labuta da roça para casa... Quero saber se o senhor tem a solução para meu problema?

O sábio disse:

— Eu posso ajudá-lo, mas você precisa prometer-me que cumprirá todas as instruções que darei. Sem sua promessa não poderei ajudá-lo.

— Sim, disse-lhe Jacó, farei o que me mandar, cumprirei; senão, não me chamo Jacó.

— Pois, então, começaremos hoje. Você tem um cachorro, não?

— Sim, respondeu Jacó.

— Pois vá agora e coloque-o para dormir e viver dentro de sua casa.

Jacó foi embora, fez o que o sábio pediu. No prazo determinado, voltou e disse ao velho sábio:

— Fiz o que me mandou, mas minha vida continua a mesma.
— Você tem uma cabra, não tem? Pois, coloque-a também dentro de sua casa.

O tempo passou e Jacó voltou à casa do sábio dizendo:
— Fiz o que me pediu, vim aqui para procurar solução para meu problema e o que o senhor fez foi complicar tudo mais ainda.
— Lembra-se de sua promessa? Que seguiria minhas instruções? Pois você tem uma vaca, não tem?
— Sim. Respondeu Jacó assustado.
— Pois, coloque-a dentro de casa junto com você, com sua família, com o cachorro e com a cabra.
— O senhor deve estar doido, retrucou Jacó, em minha casa mal cabe minha família, de tão pequena, e o senhor ainda me manda colocar o cachorro, a cabra e a vaca, não é possível, não pode ser.
— Lembre-se de sua determinação em cumprir o que eu lhe mandasse.

E Jacó foi para casa e cumpriu o que lhe foi ordenado. O tempo passou e, no dia determinado pelo sábio, Jacó voltou, bufando, nervoso, revoltado, dizendo:
— Eu vim procurá-lo para solucionar meu problema e o que o senhor me arrumou? Minha casa está insuportável, tem bosta de animal por toda a parte, não dá para viver desse jeito, para andar dentro de casa tem de empurrar uma vaca. A cabra está comendo o sofá, que já era velho e rasgado. Estão acabando com tudo o que tenho. Não aguento mais.

E o sábio disse:
— Pois bem, esta noite pode retirar os animais, limpar bem sua casa, colocar tudo no lugar e seu problema estará resolvido.

E Jacó assim fez.

Depois de tudo arrumado, sem os animais, ele percebeu como sua casa era espaçosa, confortável e aconchegante! Resolveu pintá-la, coisa que há muitos anos não fazia. Ele e sua família deram conta da pintura da casa, transformando esse trabalho em momentos de alegria para a família; colocaram cortinas, plantaram flores no jardim. Ele agora amava sua casa e bendizia ter aquele lugar para morar. Aprendeu a valorizar o que tinha de bom.

Em casa, no trabalho, com os amigos, seja uma pessoa positiva, transmita alegria, otimismo, e você verá que a energia boa dessa sua atitude voltará para você e influenciará favoravelmente sua vida. Viver com satisfação é um dos maiores desafios da vida.

Não espere aquela promoção, ou comprar aquele carro, ou mesmo tirar as próximas férias para ser feliz; seja feliz agora, só depende de você. O tipo de carro que você tem, o tamanho de sua casa ou a rentabilidade de seus investimentos não faz de você uma pessoa melhor ou pior. Lembre-se: o que realmente importa na vida é ser feliz e fazer os outros felizes com sua presença no mundo, é transmitir carinho, cultivar amizades, sonhar e realizar os sonhos, buscar a paz interior, com sua família e com o mundo. É saber que sua vida tem profundamente um propósito e um sentido, enfim, isso é "Felicidade".

"A felicidade muitas vezes está diante de nossos olhos. E só compreendemos isso quando a perdemos. Não espere perdê-la para reconhecer quão valioso é o que você tem nas mãos."

Nossa família merece o melhor

Naquela manhã, sentiu vontade de dormir mais um pouco. Estava cansado, porque na noite anterior fora deitar-se muito tarde e não havia dormido bem. Levantou-se pensando na montanha de coisas que precisava fazer na empresa. Não prestou atenção no rosto cansado nem nas olheiras escuras, resultado das noites maldormidas. "A vida é uma sequência de dias vazios que precisamos preencher", pensou, enquanto engolia o café e se despedia resmungando um "Bom dia". Nem percebeu os lábios da esposa que se ofereciam para um beijo de despedida. Não notou que os olhos dela ainda guardavam a doçura de mulher apaixonada, mesmo depois de tantos anos de casamento. Não entendia por que ela se queixava tanto das ausências dele e vivia reivindicando mais tempo para ficarem juntos. Ele estava conseguindo manter o elevado padrão de vida à família, estava dando o que tinha de melhor, não estava? Isso não bastava?

Pegou o telefone celular e ligou para sua filha. Sorriu quando soube que o netinho havia dado os primeiros passos. Ficou sério quando a filha o lembrou que há tempos ele não aparecia para ver o neto e o convidou para almoçar. Ele relutou bastante, sabia que iria gostar muito de estar com o neto, mas não podia, naquele dia, dar-se ao luxo de sair da empresa. Agradeceu o convite, mas respondeu que seria impossível. Quem sabe no próximo final de semana?

Chegou à empresa e mal cumprimentou as pessoas. A agenda estava lotada e era muito importante começar logo a atender seus compromissos, pois tinha plena convicção de que as pessoas de valor não desperdiçam tempo com conversa fiada.

No que seria sua hora de almoço, pediu para a secretária trazer um sanduíche e um refrigerante diet e telefonar para sua esposa avisando que novamente não iria almoçar em casa. A secretária pede para passar a ligação, pois a esposa lhe queria falar:

— Você se esqueceu do que lhe disse o médico? Que seu colesterol estava alto, que precisava cuidar da alimentação e de um check-up?

Desligou o telefone, deixando a esposa do outro lado da linha, carinhosamente, recomendando-o para que se cuidasse.

Começou a comer enquanto lia os papéis que usaria na reunião da tarde. Enquanto relacionava os telefonemas que deveria dar, sentiu um pouco de tontura, a vista embaralhou-se, lembrou-se da esposa advertindo-o de que estava na hora de fazer um check-up, mas isso ficaria para o mês seguinte. Ele logo concluiu que era um mal-estar passageiro, que seria resolvido com um café forte, sem açúcar.

Terminando o "almoço", voltou a sua mesa. "A vida continua", pensou. Mais papéis para ler, decisões para tomar, compromissos para cumprir. Nem tudo saía como ele queria, o que o deixava ainda mais nervoso.

Saiu para a reunião já meio atrasado. Não esperou o elevador. Desceu as escadas pulando de dois em dois degraus. Parecia que a garagem estava a quilômetros de distância, encravada no miolo da terra e não no subsolo do prédio.

Entrou no carro, deu partida e, quando ia engatar a primeira marcha, sentiu de novo o mal-estar. Agora havia uma dor forte no peito. O ar começou a faltar, a dor foi aumentando, o corpo desapareceu, os carros também, os pilares, as paredes... Tudo foi sumindo diante de seus olhos, ao mesmo tempo em que surgiam cenas de um filme que ele conhecia bem. Era como se o videocassete estivesse rodando em câmera lenta.

Quadro a quadro ele via a esposa, o netinho, a filha e, uma após outra, todas as pessoas de quem mais gostava.

Por que mesmo não tinha ido almoçar com a esposa, a filha e o neto? O que a esposa havia dito à porta de casa quando ele estava saindo hoje de manhã? O que ela falou ao telefone na hora do almoço? Por que não foi pescar com seu filho e os amigos no último feriado? A dor no peito persistia, mas agora outra dor começava a perturbá-lo: a dor do arrependimento. Ele não conseguia distinguir qual era a mais forte, a da coronária entupida ou a de sua alma rasgando.

Escutou o barulho de alguma coisa quebrando dentro de seu coração e, de seus olhos, escorreram lágrimas silenciosas. Queria viver, queria ter mais uma chance, queria voltar para casa e beijar a esposa, abraçar a filha, brincar com o neto, ver o filho... queria... queria... queria dar o melhor para eles... mas não havia mais tempo...

Nossa família merece o melhor, e não há nada mais precioso para oferecermos às pessoas que amamos e que nos amam que nosso tempo, carinho e atenção.

Não há nenhum brinquedo que alegre mais o coração de uma criança do que a presença de seu pai ou de sua mãe brincando com ela.

Isso sim é o melhor!

Pra que tanta pressa?

Correr atrás de nossos sonhos sim, mas também não corra tanto.

Um dia, um executivo muito ocupado e apressado estava indo para o escritório quando, passando por uma rua, viu um menino perto da calçada. No momento em que o carro se aproximou do menino, este lhe atirou uma pedra, acertando bem na porta do carro, seu carro novinho, recém tirado da concessionária. O homem imediatamente freou, desceu do carro já pronto para bater no menino que assustado gritou:

— Não, moço, não me bata, por favor, eu precisei fazer isso.

Numa atitude de nervosismo, o homem segura pela camisa do menino como se lhe fosse bater. O pobre garoto, com os olhos esbugalhados, grita:

— Moço, olhe ali no chão meu irmão, preciso de ajuda.

O homem, com os nervos à flor da pele, olha para a direção indicada pelo garoto e vê um jovem caído ao lado de uma cadeira de rodas.

— Eu vinha descendo a rua, empurrando meu irmão, quando perdi o controle. A cadeira de rodas virou e meu irmão caiu. Ele é pesado e não consigo levantá-lo sozinho. Há tempo estou pedindo socorro, mas ninguém parou para me ajudar, o único modo que encontrei foi esse. Me desculpe, por favor, me ajude, disse o menino.

O executivo sentiu como se tivesse levado outra tijolada, mas agora no coração. Atordoado agora por duas tijoladas, mas com certeza a segunda mais doída, ajuda o menino e seu irmão. Os dois irmãos agradecem e se afastam lentamente. O executivo fica alguns momentos ali parado, vendo a cena dos irmãos se afastando.

O tempo passou e a porta que poderia ser consertada nunca foi. O executivo fez questão de deixá-la assim, pois naquele dia ele aprendeu uma grande lição: Não correr tanto pela vida, e não esperar que só uma tijolada o fizesse parar.

"VIVA, SEJA FELIZ, FAÇA-SE PRESENTE NA VIDA DAS PESSOAS QUE VOCÊ MAIS AMA!"

Viva intensamente com seus filhos, de forma que eles nem percebam sua presença, mas sintam sua ausência.

A pescaria por tanto tempo adiada, não adie mais. Aquele filme que você está para assistir, assista-o hoje mesmo, e as férias há tanto tempo planejadas, o que está esperando para tirá-las? Muitas pessoas passam a vida toda correndo atrás da felicidade, como o cachorro corre atrás do próprio rabo, você já deve ter visto essa cena. Pare e perceba que correr demais também não adianta.

Na Europa, há um movimento chamado Slow Europe. A base de tudo está no questionamento da "pressa" e da "loucura" gerada pela globalização, pelo apelo à "quantidade do ter", em contraposição à qualidade de vida, ou à "qualidade do ser". Portanto, essa "atitude sem-pressa" não significa fazer menos, nem ter menor produtividade. Significa, sim, fazer as coisas e trabalhar com mais "qualidade" e "produtividade", com maior perfeição, atenção aos detalhes e com menos "stress". Significa retomar os valores da família, dos amigos, do tempo livre, do lazer, das pequenas comunidades, do local: presente e concreto, em contraposição ao global: indefinido e anônimo.

Significa a retomada dos valores essenciais do ser humano, dos pequenos prazeres do cotidiano, da simplicidade de viver e de conviver, da religião e da fé.

Significa um ambiente de trabalho mais alegre, mais "leve" e, portanto, mais produtivo, onde seres humanos, felizes, fazem com prazer o que sabem fazer de melhor.

Será que os velhos ditados: "Devagar se vai longe" ou ainda "A pressa é inimiga da perfeição" não merecem novamente nossa atenção nestes novos tempos?

Não se preocupe!

Havia um homem chamado Joaquim. Todos os dias, quando chegava a casa, após o trabalho, descia do carro, caminhava em direção a uma frondosa árvore plantada no jardim da casa, colocava as duas mãos no tronco da árvore por alguns instantes e, só depois, entrava. No outro dia, pela manhã, fazia a mesma coisa antes de ir trabalhar.

Um vizinho, curioso por observar a atitude de Joaquim, um dia o esperou em frente da casa e perguntou:

— Amigo Joaquim, preciso lhe fazer uma pergunta, pois tenho lhe observado e estou muito curioso. Por que todos os dias, antes de entrar em sua casa, você coloca as mãos nesta árvore, fica algum tempo aí parado e só depois entra, e antes de ir trabalhar faz a mesma coisa?

— Vou lhe contar. Esta árvore é a Árvore das Preocupações. Respondeu Joaquim.

— O quê? Como assim, árvore das preocupações? Pergunta o vizinho intrigado.

— Isso mesmo, todos os dias, antes de entrar em casa, eu passo por aqui e deixo minhas preocupações, no outro dia pela manhã, antes de ir trabalhar, eu as pego de volta.

Que bom seria se conseguíssemos fazer como Joaquim. Não é?

Mas o que significa a palavra preocupação?

Segundo o *Dicionário Aurélio*, preocupação é o "ato ou efeito de pré ocupar-se. Ideia fixa e antecipada que perturba o espírito a ponto de produzir sofrimento moral. Pensamento dominante, que se sobrepõe a qualquer outro". Ou seja, ocupar a mente com pensamentos e temores de algo que nunca acontecerá. Pois a maior parte de nossas preocupações e temores imaginários com o futuro raramente acontecem, não passam de sofrimentos antecipados. A probabilidade de uma preocupação se concretizar é remota.

E o pior é que a preocupação é algo que aprendemos no decorrer da vida. Um aprendizado formado através de experiências e expectativas frustradas, que, ao longo do tempo, vão nos marcando quando as coisas não caminham como esperamos.

Aprendemos a nos preocupar também através de exemplos. Estudos mostram que pais ansiosos e temerosos geram filhos ansiosos e temerosos.

Mas o melhor é saber que, como ela é aprendida, também pode ser desaprendida.

Para isso, é necessário tomar consciência de que ela é inútil, não altera o passado e não tem poder para controlar o futuro, mas paralisa o presente, impedindo-o de encontrar a solução. E veja só: 75% das pessoas vivem no passado, 25% preocupam-se com o futuro, e só 5% vivem o presente. Onde você se enquadra?

O momento que temos, o único que nos está disponível, é o presente, e é para ser vivido intensamente. Cabe a nós a decisão do que fazermos com esse momento. Por isso, não se atormente com preocupações e coisas do passado, pois o passado já partiu, só resta o hoje e, talvez, o amanhã.

O verdadeiro brilho da vida, na maioria das pessoas, vemos gradativamente sendo perdido com o passar dos anos, através do material altamente ofuscante que é a preocupação. Por isso, não se preocupe, pois no final dá tudo certo; se não deu certo, é que ainda não está no final.

Também de nada adianta guardar mágoas e ressentimentos, só reclamar e não ver o lado bom e bonito da vida.

"Se a vida lhe der um limão, faça dela uma limonada."

Veja só: O filósofo Sócrates casou-se com Xampita,

que era uma pessoa muito difícil de se lidar. Para se ter uma ideia do gênio dela, pela manhã, quando ele não dizia: "Bom dia, Xampita, meu amor", ela jogava chá quente no rosto dele.

Um dia, um de seus alunos perguntou-lhe:

— Mestre, desculpe-me o atrevimento, mas é notório que sua esposa é uma pessoa de gênio muito difícil e ainda o trata mal na frente de todos. Como o senhor consegue conviver com ela por tantos anos? Pergunto, pois eu não a aguentaria nem um só dia!

Sócrates respondeu:

— Viver com Xampita é um crescimento constante, pois se consigo conviver com ela, conseguirei conviver e entender melhor qualquer pessoa.

Parou para pensar?

O melhor é não se apegar às picuinhas, mas procurar entender, compreender, perdoar, amar...

Nos acontecimentos que não vão ao encontro de sua vontade, julgar-se injustiçado só piora a situação. Pratique este ditado: "Pense positivamente, faça tudo com amor e o mundo conspirará a seu favor". Julgar que o tamanho dos problemas que temos é o que nos impede de sermos felizes é um erro!

Somente lamentar a vida, sem buscar soluções para os problemas, também não resolve. É na adversidade que as pessoas mais crescem, com certeza!

Queixamo-nos do que temos e queremos o que não temos, mas muitas vezes esquecemos de:
• Agradecer a Deus pelo menos 4 vezes ao dia.
• Elogiar pelo menos 4 pessoas por dia.
• Sorrir pelo menos 10 vezes por dia.
• Repetir pelo menos 10 vezes por dia: Eu consigo!
• Abraçar várias vezes ao dia, em especial os filhos, o marido ou a esposa.

Certa vez, escutei que para uma pessoa sobreviver é necessário ser abraçada pelo menos três vezes ao dia. Minha mãe estava perto neste momento, também escutou e disse:

— Então, ai de mim. Logo, todos corremos para abraçá-la e Amanda, minha filhinha, ficou um longo tempo abraçada na vovozinha.

A intenção deste é livro é lembrá-lo de coisas que valorizam a vida. Os temas, as músicas, as histórias e as mensagens deste livro foram escolhidas com todo o cuidado para transmitir entusiasmo e amor pela vida. Agradeço às pessoas queridas que me enviam suas mensagens, histórias e apoio. A todas, dedico meu carinho.

Queremos ser luz na vida das pessoas a nosso redor, no ambiente de trabalho, em nossa casa...

Então, reflita comigo:

Estou sendo luz onde vivo?

Quando vejo algum atrito na família, ou entre colegas de trabalho, sou aquela pessoa que leva a paz, ou aquela que torce para ver o circo pegar fogo?

As pessoas se sentem bem com minha presença?

Contribuo com o mundo em que vivo ou custo para o mundo em que vivo?

As palavras que saem de minha boca edificam as pessoas? Há uma frase de que gosto muito que diz: "Se o que falo não for bom, útil e verdadeiro, que eu fique calado".

Pense nisso. E que sejamos luz e alegria; que nossa presença sirva para enfeitar o mundo como dona Maria.

Dona Maria, todos os dias, fazia todo o trajeto de ônibus com um pacotinho de sementes nas mãos, jogando-as pelo caminho. Um rapaz, sentado no banco ao lado, sempre via dona Maria jogando as sementes. Em seus pensamentos, ele se questionava: "Mas por que ela faz isso? Não vê que é besteira, perda de tempo, pois a maior parte das sementes cai sobre o

asfalto quente e morre, a outra parte na terra seca e nas pedras do caminho. Isso é coisa de quem não tem o que fazer".
Um dia o rapaz nota que dona Maria não está no ônibus. Vai até o cobrador e pergunta:
— Onde está aquela senhora que todos os dias joga sementes pela janela?
— Ah! Dona Maria? Ela morreu, respondeu cabisbaixo o cobrador. Após alguns segundos, abriu um suave sorriso, apontou para fora do ônibus e disse: Mas veja o que ela deixou para nós, mostrando as flores no caminho.
Só então o rapaz observou a beleza da paisagem pela janela. As sementes haviam germinado, havia a beleza das flores e um colorido alegre por todo o trajeto por onde o ônibus passava. Sentou-se pensativo, refletindo o que só agora havia entendido.
Olhou de seu lado uma menininha e uma mulher. As duas estavam encantadas com a beleza do caminho, apreciando as belas flores, sorrindo e falando muito. E ele ouve então a menininha dizer:
— Mamãe, que flor é aquela azul?

Há pessoas que deixam um rastro de luz e beleza por onde passam, semeando a paz, a concórdia e o amor! Como está sendo meu trajeto pela estrada da vida?

Chego nesse ponto com lágrimas nos olhos, pois é momento de finalizar este livro. Se as histórias aqui apresentadas algum coração tocou, um sorriso em um rosto triste brotou e alguém perdoou, este livro atingiu sua missão e encerro-o com esta mensagem:

Hoje

Hoje existe o telefone, a internet, o homem foi à lua, encurtaram-se as distâncias, porém se distanciaram as pessoas.
Hoje existem casas maiores, porém famílias menores.

Hoje gastamos mais, porém desfrutamos menos.
Hoje existem carros mais rápidos, estradas mais largas, edifícios mais altos, porém temperamentos pequenos e virtudes menores.
Mais informação, porém menos sabedoria.
Temos mais compromissos, porém menos tempo.
Hoje temos mais entretenimento, porém menos alegria.
Temos mais comida, porém menos vitaminas.
Hoje existe mais riqueza material, porém menos valor moral.
Casas mais belas, porém lares mais tristes.
Mais brinquedos, porém menos crianças.
Pessoas mais ricas, porém a família está mais pobre.
Menos namoro, porém mais divórcios.
Corremos muito, falamos muito e amamos pouco.

Por isso, quero que, de hoje em diante, cada dia seja um dia especial.

Quero me comunicar mais com Deus e sentir seu amor em minha vida.

Sorrir mais, amar mais, abraçar meus familiares e dizer-lhes que os amo.

Fazer as coisas que gosto, sentar na grama, apreciar a paisagem, ver o pôr do sol e olhar as estrelas, sem me importar com o tempo.

Trabalhar com entusiasmo, fazer o melhor e com gratidão.

Usar aquela roupa e aquele perfume de que gosto, que há tanto tempo estão guardados para um dia especial, esse dia é hoje.

Não vou adiar mais nada que me faça feliz e faça felizes as pessoas que amo.

De hoje em diante, vou viver cada dia intensamente, pois a vida é muito mais que simplesmente existir; é ter um compromisso com o entusiasmo, com a alegria, com o amor.

De hoje em diante, não vou mais desperdiçar tempo e energia com coisas ou pensamentos que ofusquem o brilho da alegria de viver. Vou perdoar, ajudar, compreender e amar mais e não deixar passar a oportunidade de ficar perto das pessoas que amo.

Quero agradecer a Deus cada dia, hora e minuto, pois não sei quando será o último.

E que cada novo dia
seja o primeiro de toda a minha vida,
para ser vivido intensamente,
pois só assim eu sei que
É FÁCIL SER FELIZ!

CDs de VERA LÚCIA, que você pode adquirir:

1 - Paz

2 - Felicidade

3 - Temas de Família

4 - Caminhos de Alegria

5 - Reflexões para a Vida

6 - A Missa

7 - Um Sonho

8 - De bem com a vida

9 - Sentimentos

Livros:
1 - A Missa: CD + Livro.
2 - É fácil ser feliz.

Contato: Shows, palestras e aquisição dos CDs
Rua Said Abib, 375, CEP 86380-000
Andirá-PR - Fone: (43) 3538-3528
www.cantoraveralucia.com.br
contato@cantoraveralucia.com.br

Esta obra foi composta em CTcP
Capa: Supremo 250g – Miolo: Pólen Soft 80g
Impressão e acabamento
Gráfica e Editora Santuário